Königs Erläuterungen und Materialien
Band 473

Erläuterungen zu

Hermann Hesse

Der Steppenwolf

von Maria-Felicitas Herforth

Bange Verlag

Über die Autorin dieser Erläuterung:

Maria-Felicitas Herforth, geboren 1980, Studium der Anglistik und Germanistik an der Ruhr-Universität Bochum (1999–2005), Studienaufenthalt in Großbritannien (2001–2002), 2005 – 2006 Doktorandin und wissenschaftliche Hilfskraft im Englischen Seminar der Ruhr-Universität Bochum, seit 2009 Studienrätin mit den Fächern Englisch und Deutsch, Autorin von Königs Erläuterungen.

Hinweis:

Die Rechtschreibung wurde der amtlichen Neuregelung angepasst. Zitate von Hermann Hesse müssen auf Grund eines Einspruches in der alten Rechtschreibung übernommen werden.

1. Auflage 2009
ISBN: 978-3-8044-1877-6

Lektorat: Dr. Oliver Pfohlmann, Bamberg
Titelabbildung: Hermann Hesse
Druck und Weiterverarbeitung: Tiskárna Akcent, Vimperk

Vorwort

Mit dem bis heute anhaltenden weltweiten Erfolg Hermann Hesses - seine Bücher wurden ins Griechische ebenso übersetzt wie ins Japanische, ins Norwegische ebenso wie ins Arabische - stellt das umfangreiche Werk des Literaturnobelpreisträgers von 1946 eine Ausnahmeerscheinung in der deutschsprachigen Literatur des 20. Jahrhunderts dar. Dass sich an Hesses Popularität hierzulande auch im frühen 21. Jahrhundert wenig geändert hat, zeigt die Wahl seiner Romane *Siddhartha*, *Narziß und Goldmund* und *Der Steppenwolf* 2004 unter die 50 beliebtesten Bücher der Deutschen.[1] Durch sein beständiges Appellieren an Völkerverständigung und seine Warnungen davor, das Individuum im Zeitalter der Massen bedeutungslos werden zu lassen, hatte und hat der Nobelpreisträger besondere Wirkung auf die jungen Leser in Krisenzeiten. In der Phase Deutschlands zwischen den beiden Weltkriegen (Weimarer Republik) oder auch zu Zeiten des Vietnamkrieges, als sich US-amerikanische Kriegsdienstverweigerer auf den Pazifisten Hermann Hesse beriefen, entfachte das Werk des Dichters gerade bei der Jugend immer wieder Begeisterungswellen.[2]

Mit der Niederschrift von eigenen Erfahrungen versuchte Hermann Hesse, seinen Lesern bei ihrer Suche nach Identität, Sinn und Orientierung in einer chaotischen Zeit zu helfen. Ebenso wie seine bekannten Romane *Demian* (1919) und *Siddhartha* (1922) ist auch der 1927 erschienene Roman *Der Steppenwolf* eine Entgegnung auf die rapide Entwicklung hin zu einer anonymen Massengesellschaft und eine Warnung vor ihren

1 Vgl. die vollständige Rangliste auf der Webseite des ZDF: http://www.zdf.de/ZDFde/inhalt/7/0,1872,2181735,00.html [Stand: März 2009].

2 Limberg, *Hermann Hesse*, S. 127.

Gefahren. So steht auch die Krise des „Steppenwolfs" Harry Haller, der darunter leidet, dass er in sich neben einer menschlichen Seele auch die (tier- bzw. triebhafte) eines Wolfes spürt, nicht nur für die Neurose eines Einzelnen, sondern auch für die Krankheit einer Zeit. Hierin bietet der Stoff des Romans ein bedeutendes Identifikationspotenzial für jugendliche Leser, die selbst „auf dem Weg" sind, ihre Identität und ihren Platz in der Gesellschaft zu finden.

Die vorliegende Erläuterung soll die Lektüre dieses Werkes erleichtern. Es wird ein **Gesamtüberblick über die wichtigsten Themen und Strukturprinzipien** gegeben, der sowohl Ergänzung als auch Anregung für eine Beschäftigung mit dem Roman im Unterricht sein kann. Komplizierte Zusammenhänge werden verständlich zusammengefasst und mit **grafischer Unterstützung** veranschaulicht (**Kapitel 1.3, 2.3 und 2.4**). Textgrundlage für die vorliegende Erläuterung ist die aktuelle Taschenbuchausgabe des Romans (Hesse Hermann: *Der Steppenwolf.* Frankfurt am Main: Suhrkamp, 2007; Suhrkamp Taschenbuch 3855).

Für ein schnelles Verständnis der Erläuterungen werden die Seitenangaben von Textzitaten an der jeweiligen Stelle im Text aufgeführt, die Quellenangaben der verwendeten Sekundärliteratur finden sich in den entsprechenden Fußnoten. Zuletzt bietet der Band interessierten Lesern anhand von Aufsatzthemen, Lösungshilfen und einem Klausurvorschlag eine praktische Möglichkeit, ihr Verständnis des Werkes zu prüfen und zu verinnerlichen.

1. Hermann Hesse: Leben und Werk

1.1 Biografie[3]

Jahr	Ort	Ereignis	Alter
1877	Calw (Baden-Württemberg)	Geburt am 2. Juli; zweites Kind des Missionars Johannes Hesse und seiner Frau Marie, der ältesten Tochter des Indologen und Missionars Hermann Gundert.	
1881–1886	Basel	Johannes Hesse unterrichtet bei der „Basler Mission" und erwirbt 1883 die Schweizer Staatsangehörigkeit. Hermann Hesse ist ein willensstarkes, vielseitig interessiertes Kind – voll Fantasie, Energie und Temperament, seine Erziehung pietistisch-streng. Aufgrund seines Eigensinns schicken ihn die Eltern 1881 in das Knabenhaus des Pfarrers Pfisterer.	4–9
1886–1891	Calw und Göppingen	Besuch des Reallyzeums und der Lateinschule.	9–14

3 Vgl. Michels (Hrsg.), *Leben in Bildern und Texten*, S. 354–357; Pfeifer, *Hesse-Kommentar*, S. 43–70; Werner, S. 116–122.

Jahr	Ort	Ereignis	Alter
1891–1892	Maulbronn	Am 15. September Eintritt in das berühmte evangelisch-theologische Klosterseminar. Nach sieben Monaten Flucht am 7. März, um seine früh erkannte Neigung zur Dichtung gegen eine Theologenlaufbahn zu verteidigen.	14–15
1892	Bad Boll, Stetten, Cannstatt	Am 20. Juni Selbstmordversuch während einer Kur im religiösen Heil-Erweckungszentrum Bad Boll; am 22. Juni Überweisung in die Nervenheilanstalt Stetten; am 7. November Aufnahme in das Gymnasium von Cannstatt.	15
1894–1895	Calw	Praktikant in der Turmuhrenfabrik Perrot. Beginn des intensiven Literaturstudiums in der häuslichen Bibliothek. Überwindung der psychischen Krise.	17–18
1895–1898	Tübingen	Buchhändlerlehre in der Buchhandlung Heckenhauer mit anschließender Übernahme als Buchhandlungsgehilfe. Erste Buchpublikation 1898: *Romantische Lieder*.	18–21

Jahr	Ort	Ereignis	Alter
1899–1903	Basel	Beschäftigung in einer Buchhandlung, ab 1901 in einem Antiquariat, erste Veröffentlichungen als Literaturkritiker. Zwei Italienreisen (1901 und 1903).	22–26
1904	Gaienhofen am Bodensee	*Peter Camenzind* (Roman) erscheint; Eheschließung mit Maria Bernoulli (zwei Söhne); freier Schriftsteller, Mitarbeit an zahlreichen Zeitungen und Zeitschriften.	27
1905		*Unterm Rad* (Erzählung, mit der Jahresangabe 1906 erschienen).	28
1907		*Diesseits* (Erzählungen).	30
1907–1911		Mitherausgeber der politischen, liberalen Zeitschrift *März;* 1909 Geburt seines Sohnes Heiner, 1911 seines Sohnes Martin.	30–34
	Indien	1910 *Gertrud* (Roman); 1911 Indienreise.	
1912		Übersiedelung nach Bern, Schweiz.	35
1914–1919	Bern	*Roßhalde* (Roman); Anfeindungen durch deutsche Nationalisten nach Erscheinen von Hesses für Völkerverständigung werbenden Aufsatz *O Freunde,*	37–42

Jahr	Ort	Ereignis	Alter
		nicht diese Töne! in der *Neuen Zürcher Zeitung;* Tätigkeit für die Schweizer Kriegsgefangenenfürsorge; Herausgeber der *Deutschen Interniertenzeitung* und Gründer des Verlages der Bücherzentrale für deutsche Kriegsgefangene.	
1915		*Knulp. Drei Geschichten aus dem Leben Knulps* (Erzählung), *Am Weg* (Erzählungen).	38
1916	Luzern	Der Tod des Vaters, die beginnende Schizophrenie seiner Frau und eine Erkrankung des jüngsten Sohnes führen zu einem Nervenzusammenbruch Hesses. Erste psychotherapeutische Behandlung bei dem C. G. Jung-Schüler Josef Bernhard Lang.	39
1917		Erste pseudonyme Zeitungs- und Zeitschriftenpublikationen unter dem Pseudonym Emil Sinclair. Am 7. September erstes Treffen mit C. G. Jung. Am 12. September Traumbegegnung mit seinem künftigen Protagonisten „Demian". Hesse beginnt mit der Arbeit am *Demian.*	40

Jahr	Ort	Ereignis	Alter
1919	Montagnola/ Tessin	Trennung von der Familie, Umzug ins Tessin. *Demian. Die Geschichte einer Jugend von Emil Sinclair* erscheint (unter Pseudonym). Der vermeintliche junge Schweizer Autor Emil Sinclair erhält im Oktober den Fontane-Preis für talentierte Nachwuchsautoren. Im Dezember Vorstudien und erste Entwürfe zu *Siddhartha.*	42
1920		Beginn der Niederschrift des *Siddhartha.* Otto Flake deckt in seiner Zeitschrift *Die fünf Hefte* das *Demian*-Pseudonym auf. Hesse bekennt sich in der Zeitschrift *Vivos voco* als Verfasser und gibt den Fontane-Preis zurück.	43
1921		Vorabdruck des ersten, Romain Rolland gewidmeten Teils des *Siddhartha* in der *Neuen Rundschau*.	44
	Küsnacht/ Schweiz	Psychoanalyse bei C. G. Jung.	
1922		Hesse nimmt die Arbeit an dem *Siddhartha*-Manuskript wieder auf und schließt sie im Mai ab. *Siddhartha. Eine indische Dichtung* erscheint.	45

Jahr	Ort	Ereignis	Alter
1923	Baden bei Zürich	*Sinclairs Notizbuch* erscheint, eine Sammlung von zuvor unter Pseudonym erschienenen Aufsätzen und Prosatexten. Scheidung von Maria Bernoulli.	46
1924	Basel	Hesse wird Schweizer Staatsbürger. Heirat mit der Schauspielerin Ruth Wenger.	47
1925		Im S. Fischer Verlag erscheinen die *Gesammelten Werke in Einzelausgaben.* 19. Dezember: Hesse bezieht seine Zürcher Wohnung.	48
1926		Hesse nimmt Tanzunterricht. 20. Februar: Besuch eines Maskenballs im Hotel Baur au Lac. Aufnahme als auswärtiges Mitglied in die Sektion für Dichtkunst der Preußischen Akademie der Künste; erneute psychoanalytische Sitzungen bei J. B. Lang.	49
1927	Zürich	Hesse besucht im Februar weitere Maskenbälle. *Die Nürnberger Reise* (Prosa); ***Der Steppenwolf* (Roman)**; Scheidung der zweiten Ehe.	50
1930		*Narziß und Goldmund* (Erzählung).	53

Jahr	Ort	Ereignis	Alter
1931	Montagnola/T.	Eheschließung mit Ninon Dolbin, geb. Ausländer, mit der Hesse seit 1910 in Korrespondenz stand. Hans C. Bodmer stellt Hesse ein Haus zur Verfügung („Casa Hesse").	54
1932		*Die Morgenlandfahrt* (Erzählung).	55
1935–1936		Hesse rezensiert für die schwedische Literaturzeitschrift *Bonniers Litterära Magasin* Werke emigrierter und jüdischer Autoren; Anfeindungen durch die NS-Presse.	58–59
1936	Zürich	Gottfried-Keller-Preis.	59
1939–1945		Hesses Werke gelten im Nazi-Deutschland als unerwünscht.	
1943	Zürich	*Das Glasperlenspiel* (Roman).	66
1946		*Krieg und Frieden* (Essays zu Krieg und Politik seit 1914); Goethe-Preis der Stadt Frankfurt am Main; Nobelpreis für Literatur.	69
1951		*Späte Prosa*.	74
1955	Frankfurt am Main	Friedenspreis des Deutschen Buchhandels.	78
1962	Montagnola	Tod Hesses am 9. August.	85

1.2 Zeitgeschichtlicher Hintergrund

Gesellschaftliche Umbrüche und politische Spannungen in den 1920er Jahren

die „Goldenen Zwanziger"

Die Entstehungszeit des Romans *Der Steppenwolf* (1923–1927) fällt in die *roaring twenties*. Die „Goldenen Zwanziger", wie jene Jahre im Rückblick auch genannt wurden, waren ein Jahrzehnt vorübergehend zurückgewonnener politischer und **wirtschaftlicher Stabilität** zwischen den beiden Weltkriegen. Gleichwohl war die Zeit vor der Weltwirtschaftskrise (1929 ff.) in Deutschland von starken gesellschaftlichen und kulturellen Umbrüchen gekennzeichnet.

Der verlorene Erste Weltkrieg (1914–1918) und die daran anschließenden gesellschaftlichen und politischen Umwälzungen prägten die Lebensumstände in Deutschland. Mit dem Inkrafttreten der *Oktoberverfassung* vom 28. Oktober 1918 vollzog sich zunächst der Wandel von einer Monarchie hin zu einer parlamentarischen Demokratie. Die unter den Entbehrungen des Krieges leidende Bevölkerung sah unmittelbar nach Kriegsende noch in Kaiser Wilhelm II. den Hauptschuldigen ihrer Not (erst in der Folgezeit wurde von vielen die Schuld den ehemaligen Kriegsgegnern, dem Versailler Vertrag, den Sozialdemokraten und nicht zuletzt den Juden gegeben). Als die **deutsche Niederlage** feststand, gingen die Sozialdemokraten und andere linksorientierte Gruppierungen auf Konfrontationskurs zur Monarchie; Streiks und Massendemonstrationen waren die Folge. Der Kieler Matrosenaufstand vom November 1918 war der erste Höhepunkt dieser Gegenbewegung. Die Unruhen eskalierten in der so genannten **Novemberrevolution**. Der Kaiser dankte ab und ging ins Exil. Die Republik wurde ausgerufen. Die politische

Landschaft der sich konstituierenden **„Weimarer Republik"** war von vielen Einzelparteien gekennzeichnet, was die politische Zerrissenheit innerhalb der Gesellschaft widerspiegelte. In der Folgezeit kam diese Zerrissenheit durch viele Aufstände rechts- und linksgerichteter Republik- bzw. Demokratiegegner zum Ausdruck. Das Inkrafttreten des Versailler Vertrags am 10. Januar 1920 verschlimmerte nicht nur die soziale Lage der Bevölkerung, der Vertrag führte auch zu einer Radikalisierung vor allem rechter Kräfte. Durch die auferlegten Reparationsleistungen erhöhte sich die wirtschaftliche Not innerhalb der Bevölkerung. Als Folge von nichtgeleisteten Reparationsleistungen kam es 1923 zur Besetzung des Ruhrgebiets durch französische und belgische Truppen – ein enormer Verlust für die deutsche Wirtschaft. Die Ruhrbesetzung zog ein sprunghaftes Erhöhen der Inflationsrate nach sich: Auch viele Intellektuelle und Künstler verloren durch die **Hyper-Inflation** 1923 ihr Vermögen, darunter auch Hermann Hesse.
Anfang der 1920er Jahre verschärften sich die Gegensätze zwischen den Arbeiter- und den bürgerlichen Parteien, und soziale Konflikte nahmen zu. So waren beispielsweise die militaristischen bzw. nationalistischen Lager demokratie- und technikfeindlich gestimmt, während die Liberalen auf Demokratie und Fortschritt setzten. Im technisch-wissenschaftlichen Bereich kam es in der Weimarer Republik zu einem großen Aufschwung, mit dem Verluste und Rückschläge überwunden werden sollten, die durch die Kriegsniederlage entstanden waren. Fortschritte wurden beispielsweise im Bereich des Flugzeug- und Schiffbaus erzielt, aber auch in der **Auto- und Motorradindustrie**: Die Gesellschaft technisierte und motorisierte sich in jener Zeit, was von vielen Zeitgenossen als radikaler Umbruch wahrgenommen wurde.

Technisierung der Gesellschaft

Gleichzeitig revolutionierte die **Allgemeine Relativitätstheorie** (1916) des deutsch-jüdischen Physikers Albert Einstein (1879–1955) die Naturwissenschaft. Die These, dass (vereinfacht gesagt) Raum und Zeit nur relativ seien, wurde gerade in deutschnationalen Kreisen als „undeutsche" Wissenschaft abgelehnt.
Neben nationalistischen Tendenzen zeigte sich in der Weimarer Republik auch vermehrt ein radikaler **Antisemitismus**, dessen Gefährlichkeit lange unterschätzt wurde, doch in Zeiten materieller Not auf Zustimmung immer breiterer Bevölkerungsschichten stieß. Radikale Parteien wie die NSDAP profitierten von der krisenhaften Entwicklung. Die Zerrissenheit innerhalb der Gesellschaft wurde in der Folgezeit durch häufige Regierungswechsel deutlich und führte schließlich, auch als Folge von Weltwirtschaftskrise und Massenarbeitslosigkeit, 1933 zur Machtergreifung Hitlers und zur Nazi-Diktatur und damit letztlich auch zum Zweiten Weltkrieg (1939–1945).

„Amerikanisierung" des Kulturbetriebs

Ängste vor Kulturverfall

Veränderungen der Gesellschaftsstruktur führten dazu, dass nach 1918 zwischen dem Bildungsbürgertum und der Industriearbeiterschaft eine neue Schicht entstand, die kulturell zunehmend den Ton angab: die Angestellten. Das neue Publikum zeichnete sich verstärkt durch neue Unterhaltungs- und Zerstreuungsbedürfnisse aus und bevorzugte die Erzeugnisse der nach amerikanischem Vorbild produzierten Massenkultur (und weniger die Werke der Hochkultur). Neue Medien wie Rundfunk, Kino und Grammophon sowie neue Künste wie die Jazzmusik (die damals so genannte „Negermusik") weckten bei vielen Intellektuellen und Vertretern des traditionellen Bildungsbürger-

tums Ängste vor Kulturverfall; der Unterschied zwischen kultureller Elite und Massenpublikum schien sich aufzulösen. Konservative Kreise lehnten die Jazzmusik als „undeutsch", „unsittlich" und „zuchtlos" ab.
Die **moderne Massenkultur** geriet bald ins Visier der Kulturkritik: So ermöglichten linksintellektuelle Kritiker wie Walter Benjamin, Siegfried Kracauer oder Ernst Bloch den Lesern der *Frankfurter Zeitung* Einblicke, die unter die bunte Oberfläche der Unterhaltungsindustrie drangen. Siegfried Kracauer schrieb Essays etwa über die umjubelten Revueshows der *Tiller Girls* (*Das Ornament der Masse,* 1927) oder über die modernen Vergnügungslokale in den Großstädten wie Berlin oder Frankfurt, in denen die Gäste zum allgemeinen Vergnügen per Tischtelefon oder Rohrpost von Tisch zu Tisch miteinander kommunizieren konnten (*Spuk im Vergnügungslokal,* 1930). Harry Haller in Hesses Roman zeigt jene ambivalente Haltung gegenüber der modernen Massenkultur, wie sie seinerzeit für viele Intellektuelle typisch war.

Psychoanalyse, Mystik, Orientierungskrise

Für die aus dem Krieg heimkehrende Generation war diese Zeit des Umbruchs von **Sinnverlust und Orientierungslosigkeit** bestimmt; viele suchten nach Antworten für das erlebte Grauen und die Veränderung. Einige fanden Erklärungen in der damals immer populärer werdenden Psychoanalyse Sigmund Freuds bzw. seiner Schüler Alfred Adler und C. G. Jung, andere im Marxismus oder in rechten Ideologien wie dem Nationalsozialismus, viele wandten sich auch Religion und Philosophie zu, darunter auch **fernöstlichem Gedankengut**. Die sich im Ersten Weltkrieg manifestierenden und verhärtenden zeitgeschichtlichen **Erfahrungen der Polarität**, als z. B. aus normalen Bürgern gleichsam über Nacht Mörder wurden, die sich nach Kriegsende wieder in friedliche Zeitgenossen zurückverwandelten, beobachtete auch Hermann Hesse, der Antworten vor allem in der analytischen Psychologie C. G. Jungs sowie in den Lehren von Buddhismus und Taoismus suchte.

Zeitkritik im *Steppenwolf*

Somit ist das historische und geistige Umfeld des *Steppenwolfs* geprägt von den politischen Wirren nach den Kriegserfahrungen, vom gärenden Nationalismus und von rasanten gesellschaftlichen und technischen Entwicklungen und Umbrüchen. Der Widerstreit zwischen Konservativismus und Militarismus auf der einen und Liberalismus auf der anderen Seite polarisierte das politische und geistige Leben zur Entstehungszeit des Romans, sodass diese Zeit insbesondere für Denker und empfindsame Gelehrte wie Hermann Hesse eine äußerst schwierige war (vgl. Kap. 2.7.3 dieser Erläuterung).

Im *Steppenwolf* wird Zeitkritik explizit geübt. Im Gespräch mit Hermine fragt Harry Haller, warum Menschen wie sie beide, „Menschen mit einer Dimension zuviel, (...) (in) unserer heutigen Zeit" (S. 162) nicht leben könnten. Hermine antwortet:

„Menschen mit einer Dimension zuviel"

> *„Die Führer arbeiten stramm und erfolgreich auf den nächsten Krieg los, wir anderen tanzen unterdessen Foxtrott, verdienen Geld und essen Pralinés – in einer solchen Zeit muß ja die Welt recht bescheiden aussehen."* (S. 162)

Harry Haller verkörpert als Figur selbst die Widersprüchlichkeit und die Orientierungslosigkeit der Epoche. Besonders deutlich wird dies, wenn er die Einladung des jung-konservativen Professors, der „Juden und Kommunisten für hassenswert" (S. 88) hält, zunächst „dankbar" (S. 84) annimmt, sich dann aber – als dieser ihm eine Zeitung der „Militaristen- und Kriegshetzepartei" (S. 89) zeigt, in der ein Publizist namens Haller Deutschland der Mitschuld am Weltkrieg bezichtigt habe – zur Ablehnung der von dem Professor repräsentierten militaristischen Gesinnung bekennt und sich als eben jener „Vaterlandsverräter Haller" (S. 90) zu erkennen gibt.

1.3 Angaben und Erläuterungen zu wesentlichen Werken

Das Gesamtwerk Hermann Hesses wird von einem **zentralen Thema** charakterisiert: der **Suche nach Selbstverwirklichung**, und zwar vor dem Hintergrund einer wirtschaftlich, politisch und moralisch „zerrissenen" Gesellschaft, die in der ersten Hälfte des 20. Jahrhunderts vor ständigen Umbrüchen und Modernisierungsprozessen stand. Hesse selbst beschreibt sein Anliegen so:

Thema Selbstverwirklichung zentral für Hesses Werk

„Meine Dichtungen sind alle ohne Absichten, ohne Tendenzen entstanden. Wenn ich aber nachträglich nach einem gemeinsamen Sinn in ihnen suche, so finde ich allerdings einen solchen: vom Camenzind bis zum Steppenwolf und Josef Knecht können sie alle als eine Verteidigung (zuweilen auch als Notschrei) der Persönlichkeit, des Individuums gedeutet werden. Der einzelne, einmalige Mensch mit seinen Erbschaften und Möglichkeiten, seinen Gaben und Neigungen ist ein zartes, gebrechliches Ding, er kann wohl einen Anwalt brauchen. Und so wie er alle großen und starken Mächte gegen sich hat: den Staat, die Schule, die Kirchen, die Kollektive jeder Art, die Patrioten, die Orthodoxen und Katholiken aller Lager, die Kommunisten oder Faschisten nicht minder, so habe ich und haben meine Bücher immer alle diese Mächte gegen sich gehabt und bekamen ihre Kampfmittel, die anständigen wie die brutalen und gemeinen, zu spüren. Es wurde mir tausendmal bestätigt, wie gefährdet, schutzlos und angefeindet der Einzelne, der nicht Gleichgeschaltete in der Welt steht, wie sehr er des Schutzes, der Ermutigung, der Liebe bedarf."[4]

4 Zitiert nach: Unseld, S. 5.

Für Hesse „ist der Knulp und der Demian, der Siddhartha, der Klingsor und der Steppenwolf oder Goldmund jeder ein Bruder des anderen, jeder eine Variation meines Themas."[5]

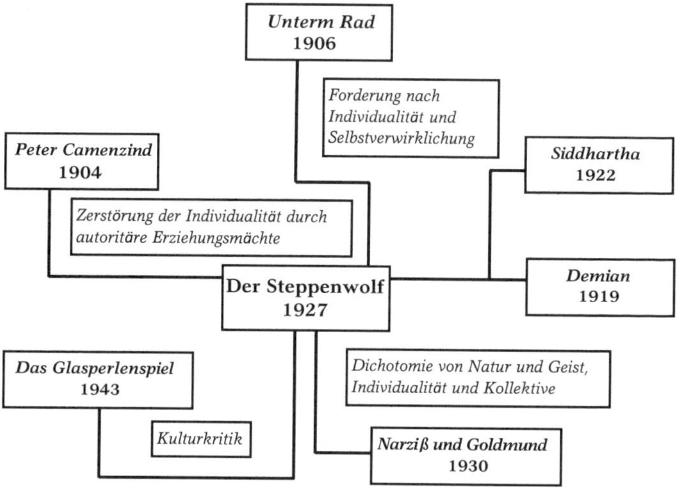

5 Zitiert nach: Ebd., S. 154.

2. Textanalyse und -interpretation

2.1 Entstehung und Quellen

Entstehungszeit: 1923–1927

Hermann Hesse beginnt mit seiner Arbeit an dem Roman *Der Steppenwolf* in einer Basler Mansardenwohnung in den Wintermonaten 1924/25, wo er zunächst zwei Fragmente und eine erste Version des *Tractats* unter dem Titel *Märchen vom Steppenwolf* verfasst.[6] Im Folgejahr entsteht die Mehrzahl der stark autobiografischen *Krisis*-Gedichte, unter ihnen auch das Gedicht *Steppenwolf*, das später in den Roman aufgenommen wird (vgl. S. 75).
Mitte der 1920er Jahre befand sich Hermann Hesse in einer schweren Lebenskrise. Bereits 1923 schrieb er:

> *„Den tiefsten Ursprung meiner ganzen Lebenskrankheit kenne ich nur allzu gut, er liegt darin, daß in den Jugendjahren, fürs Leben bestimmt, alle meine Anlagen, Wünsche und alle meine Selbsterziehung sich rein auf das Seelisch-Dichterische gerichtet hat, und daß ich mit der Zeit immer klarer erkennen mußte, daß ich damit in unserer Zeit ein hoffnungsloser Outsider sei."*[7]

„hoffnungsloser Outsider"

Nach früheren Familientragödien wird im Erscheinungsjahr 1927 auch Hesses **zweite Ehe** mit der 20 Jahre jüngeren Sängerin Ruth Wenger **geschieden**, da der Schriftsteller, wie es im Urteil des Zivilgerichts des Kantons Basel heißt, eine Neigung zum Einsiedlerleben habe, sich nicht nach anderen Menschen richten könne und außerdem Gesellschaftlichkeit und Reisen hasse.[8] Neben

---

6 Vgl. Probst, S. 36.
7 Zitiert nach: Huber, S. 77.
8 Vgl. Michels (Hrsg.), *Leben in Bildern und Texten*, S. 222.

seiner durch die Inflation in Deutschland problematisch gewordenen finanziellen Situation leidet Hesse kurz vor seinem 50. Geburtstag auch unter **gesundheitlichen Problemen** wie Gicht, Ischias und Augenleiden, die ihm die Arbeit erschweren. Hinzu kommen die dauernden Anfeindungen aus deutsch-nationalen Kreisen aufgrund seines Eintretens für Pazifismus und Völkerversöhnung. Der psychische Zustand des Dichters ist äußerst labil, häufig kündigt er in Briefen seinen baldigen Selbstmord an. Die folgenden Worte Hesses in Briefen an Freunde wie Hugo Ball oder Max Thomann aus dem Jahr 1925 erinnern deutlich an Äußerungen seines Protagonisten Harry Haller:

> *„(...) Wenn ich sinnlos sage, so drücke ich damit meine Stimmung an all den Tagen aus, an denen es mir nicht gelingt, selber einen Sinn in der Sache zu finden, in meinen Augenschmerzen, in meinem Lebensekel, in meinem Ekel gegen meinen Beruf, in meinem Ehe-Unglück etc. (...) Wenn man mit dem Leben fertig ist, und nur noch den Ast sieht, an dem man sich aufhängen wird, macht es einem doch Freude, wenn man sieht, daß man noch Freunde hat. Wenn Sie mir zur Weihnacht etwas schenken wollen, so will ich das nicht ablehnen. Ich bin empfänglich für ein paar Zigarren, oder für ein Fläschchen Cognac oder irgend so etwas. Und da ich mich in den nächsten 10 Tagen noch nicht aufhängen werde, sondern erst so etwa im Februar, wäre der Adressat für das Geschenk also noch vorhanden.“*[9]

der weise Dichter des *Siddhartha* tanzt

Trotz seiner gesundheitlichen Probleme nimmt Hesse 1926 in Zürich **Tanzunterricht**, besucht mit seinem Freund, dem Psychoanalytiker Josef Bernhard Lang, mehrere **Maskenbälle** und erfährt erstmals die Lust an Rausch und naiver Sinnlichkeit:

9 Zitiert nach: Michels (Hrsg.), *Materialien*, S. 48 u. 55.

> *„Ich sehe mir dabei zu, wie der weise Autor des* Siddharta *den Foxtrott schreitet und seine Weibchen an sich drückt. Aber es geht jeder Fortschritt den Weg übers Irrationale, Dumme und Verrückte oder Kindische, ich bin ganz damit einverstanden."*[10]

Im September 1926 beginnt Hesse in Montagnola mit der Arbeit am *Steppenwolf*-Roman, für den er die bereits verfassten Manuskripte und Gedichte nutzt. Mitte Januar 1927 vollendet Hesse die Reinschrift des Romans in Zürich. Im Juni desselben Jahres erscheint er zusammen mit Hugo Balls Hermann-Hesse-Biografie zu des Dichters fünfzigsten Geburtstag im Berliner S. Fischer Verlag. Hesse bezeichnet den Roman als *Prosa-Steppenwolf*, um ihn von dem *Steppenwolf*-Gedichtzyklus *Krisis* abzugrenzen, der nicht, wie ursprünglich geplant, in den Kontext der Erzählung einbezogen, sondern im Jahr 1928 gesondert veröffentlicht wird.

Gattung und Quellen

Bekenntnisliteratur

Hesse selbst hat für den *Steppenwolf* **keine Gattungsbezeichnung** angegeben,[11] der Roman ist jedoch Hesses eigenen Aussagen zufolge der literarischen Tradition der **Bekenntnisliteratur** zuzuordnen, in der innere und äußere Erfahrungen und Erlebnisse des Dichters zum Ausdruck kommen. Als **Vorläufer** ließen sich die Werke von Augustinus oder Rousseau, aber auch die Seelenbiografien des deutschen Pietismus (Jung-Stilling, Karl Philipp Moritz) nennen.

Die Situation des Protagonisten Harry Hallers, des *Steppenwolfes*, entspricht der Hermann Hesses: Die angemietete Mansardenwohnung ist sowohl Hesses Ort seiner dichterischen Tätigkeit als auch Schauplatz der im Roman geschilderten psy-

10 Zitiert nach: Michels (Hrsg.), *Leben in Bildern und Texten*, S. 221.
11 Vgl. Limberg, *Hermann Hesse*, S. 106.

chischen Qualen einer sinnentleerten Dichterexistenz. Hesse äußert sich hierzu folgendermaßen:

> *„(…) ich habe schon seit Jahren den ästhetischen Ehrgeiz aufgegeben und schreibe keine Dichtung, sondern eben Bekenntnis, so wie ein Ertrinkender oder Vergifteter sich nicht mit seiner Frisur beschäftigt oder mit der Modulation seiner Stimme, sondern eben hinaus schreit."*[12]
>
> *„(…) Zur Zeit sitze ich Tag für Tag, mit schmerzenden Augen und mit schmerzenden Gicht-Händen, an der Schreibmaschine, um den Prosa-Steppenwolf ins Reine zu schreiben, der nach [Samuel] Fischers Absicht vielleicht schon zum [50.] Geburtstag als Buch erscheinen soll. Warum ich mich so plage, weiß ich nicht, es geschieht aus Sucht und Betäubung. Das Werk selbst hat mir keine Freude gebracht und ist mir schon jetzt zum Kotzen entleidet … / Es grüßt Dich der halb verreckte / Steppenwolf H."*[13]

analytischer Entwicklungsroman

Das Thema der individuellen seelischen Krankheit eines in Mensch und Wolf geteilten Ichs (einschließlich eines Therapieversuches), die gleichzeitig Symbol für eine *kranke* Zeit sowie eine Warnung vor Krieg, Technisierung und Nationalismus ist, erweitert die Form des Bekenntnisromans hin zum analytischen Entwicklungsroman. Im Gegensatz zum klassischen Entwicklungsroman (wie Goethes *Wilhelm Meisters Lehrjahre*) stellt dieser analytische bzw. inverse Entwicklungsroman keine Entwicklung der Hauptfigur von Kindheit und Jugend bis zum Erreichen ihrer Bestimmung dar, sondern einen Ausschnitt aus dem Leben eines älteren Mannes, der sich dem Bürgertum entfremdet hat und sich entindividualisiert.[14]

---

12 Zitiert nach: Michels (Hrsg.), *Leben in Bildern und Texten*, S. 223.

13 Am 2. Januar 1927 an Hugo Ball. Zitiert nach: Michels (Hrsg.), *Materialien*, S. 104.

14 Vgl. Huber, S. 80 f.

Als **literarische Quellen** wären zu nennen: Goethes *Faust* und seine Novelle *Der Mann von fünfzig Jahren* (aus dem Roman *Wilhelm Meisters Wanderjahre*), Novalis Roman *Heinrich von Ofterdingen* und die Humorkonzeption der Romantik, v. a. Jean Pauls. **Philosophische Quellen** sind die Philosophie Platons und Nietzsches, die Psychoanalyse Freuds und C. G. Jungs sowie die Lehren des Buddhismus.

2.2 Inhaltsangabe

2.2.1 Vorwort des Herausgebers

In seinem Vorwort berichtet der (fiktive) Herausgeber der folgenden Aufzeichnungen, wie er zu dem *Steppenwolf*-Manuskript gelangt ist und warum er es trotz großer Bedenken veröffentlicht. Er schildert, wie Harry Haller, ein Mann von etwa fünfzig Jahren, der sich selbst als Steppenwolf bezeichnete, vor einigen Jahren im gutbürgerlichen Haus seiner Tante eine möblierte Mansardenwohnung gemietet hat. Den Herausgeber, der einem ordentlichen Büroberuf nachgeht, hat die Persönlichkeit des neuen Zimmernachbars so beunruhigt, anfangs sogar mit Abscheu erfüllt, dass er bis heute nicht mit Haller fertig geworden ist und sich viele Gedanken über ihn gemacht hat.

Keinen alltäglichen und beruflichen Pflichten nachgehend, verbringt Haller seine Zeit in Bibliotheken, Konzerten und Kneipen; eine feindliche Atmosphäre umgibt ihn, findet der Herausgeber. Nach und nach entpuppt sich der eigenartige Außenseiter als viel gereister, aber ungeselliger Gedanken- und Büchermensch, der durch Schwermut und Selbsthass in großer Vereinsamung lebt und für sich keinen Zugang zur bürgerlichen Welt findet. Einmal lädt der Herausgeber Haller ein, mit ihm den Vortrag eines Geschichtsphilosophen anzuhören; ein Blick des Steppenwolfs genügt, die Oberflächlichkeit des Vortrags und darüber hinaus die ihrer ganzen Zeit und Kultur zu entlarven. Ein anderes Mal findet der Herausgeber den Steppenwolf auf der Treppe zu seiner Wohnung im Haus der Tante sitzen, da er sich nicht vom Anblick einer Aurakarie im Treppenhaus losreißen kann, die für

ungeselliger Gedanken- und Büchermensch

ihn bürgerliche Reinheit verkörpert. Nur während eines Konzertes sieht der Herausgeber den Steppenwolf einmal für einige Augenblicke glücklich. Nach einiger Zeit verlässt Haller die Stadt und hinterlässt lediglich das Manuskript, welches er während seines Aufenthaltes geschrieben hat. Der Herausgeber erkennt in dem Manuskript nicht nur die Gemütskrankheit eines Einzelnen, sondern auch das Chaos und die Krankheit einer ganzen Zeit bzw. Generation.

Stichwörter/wichtige Textstellen:
Herausgeber auch nach Hallers Weggang „noch lange nicht mit ihm fertig" (S. 11); der fiktive Herausgeber bezeichnet die „Aufzeichnungen" Hallers als ‚Ausdrucksversuch', „der tief erlebte seelische Vorgänge im Kleide sichtbarer Ereignisse darstellt" (S. 24), und deutet die „zum Teil phantastischen Vorgänge in Hallers Dichtung" (S. 24) an. Zugleich suggeriert er ihre Wahrhaftigkeit, wenn er sie mit Hallers ‚tatsächlicher' Veränderung in Verbindung bringt (S. 25). Hallers Manuskript als „Dokument der Zeit", Hallers Neurose als „Krankheit der Zeit" und „Neurose jener Generation" (S. 26); der (nach Ansicht des Herausgebers) Sinn der Aufzeichnungen wird als Leitfaden vorausgeschickt:

> *„Diese Aufzeichnungen (...) sind ein Versuch, die große Zeitkrankheit nicht durch Umgehen oder Beschönigen zu überwinden, sondern durch den Versuch, die Krankheit selber zum Gegenstand der Darstellung zu machen."* (S. 26)

Hallers Aufzeichnungen als Gang durch die Hölle, „gegangen mit dem Willen, die Hölle zu durchqueren, dem Chaos die Stirn zu bieten" (S. 26); Appell an den Leser, sich mit dem Stoff auseinanderzusetzen (S. 27).

2.2.2 Harry Hallers Aufzeichnungen (1)

Sie tragen das Motto „Nur für Verrückte" (S. 31) und sind in der Ich-Form geschrieben. Harry Haller schildert zunächst sein Leben als einen Wechsel von leidlich erträglichen Tagen und von ‚Höllentagen', die seinen körperlichen Qualen das ‚Seelensterben' hinzufügen. Als Grund, warum er solche Qualen leidet, gibt Haller an: Er verabscheut die von einer verlogenen Menschheit durch Kriege, Politik und Wirtschaft zerstörte Welt und das „normierte und sterilisierte" (S. 33) Leben in der modernen Gesellschaft. In dieser geistlosen Zeit mit ihren ‚amerikanischen' Massenvergnügungen findet er weder Ziel noch Freude. Dieser Ekel vor der Gegenwart schlägt in ihm manchmal in Gewaltfantasien um.

„Nur für Verrückte"

Dass er an diesem Tag mit seinen Aufzeichnungen beginnt, liegt an seinem Erlebnis mit der Aurakarie im sauberen Treppenhaus, deren Anblick in ihm trotz seines Hasses auf das Bürgertum eine Sehnsucht nach der Geborgenheit und Ordentlichkeit einer bürgerlichen Existenz wachruft. Sein eigenes Zimmer empfindet er dagegen als „unheimisch und verwahrlost" (S. 34).

Mit diesen Gedanken läuft Haller an diesem Abend durch die Gassen, erinnert sich an seine Jugend und denkt über seinen krisenhaften Zustand in der Gegenwart nach. Nur selten empfindet er noch Seligkeit, Glück und Liebe, zumeist bei Konzerten klassischer Musik, beim Lesen eines seiner Lieblingsdichter oder bei seiner Geliebten. Diese „Gottesspur" in seinem Leben ist nur schwer zu finden. Daher vergleicht er sich mit einem Steppenwolf, der sich in eine ihm befremdliche, unverständliche Welt verirrt hat. In der heutigen Gesellschaft mit ihren modernen Vergnügungen kann er keine Heimat, Luft und Nahrung mehr finden.

Während seines abendlichen Spaziergangs entdeckt Haller an einer sonst glatten Mauer ein „kleines hübsches Portal mit einem Spitzbogen" (S. 37). Als er es genauer betrachtet, erkennt er darüber eine Lichtreklame, auf der hintereinander die Buchstaben der Worte „Magisches Theater. Eintritt nicht für jedermann" (S. 38) aufleuchten. Nachdem das Lichtspiel wieder erloschen und ihm die Pforte des Portals versperrt geblieben ist, entziffert er auf dem regennassen, spiegelnden Asphalt farbige Lichtbuchstaben als die Worte „Nur- - für- - Ver- -rückte" (S. 39); sie erinnern ihn an sein Gleichnis von der göttlichen Spur. In einer Kneipe liest er, voller Verachtung, Zeitung und denkt weiter über das Rätsel der goldenen, an die Ewigkeit erinnernden Spur nach, die er mit Komponisten wie Mozart oder Händel verbindet. Auf dem Heimweg kommt er an einem Tanzlokal vorbei, in dem moderne Jazzmusik gespielt wird, die auf ihn bei aller Abscheu einen heimlichen Reiz ausübt.

die goldene Spur

Noch am gleichen Abend muss der Steppenwolf, der hofft, Offenbarung und Gottesnähe hinter der rätselhaften Spitzbogentür zu finden, erkennen, dass Tor und Lichtbuchstaben inzwischen verschwunden sind. Dafür begegnet er einem Mann mit einem Bauchladen, der eine Stange mit einem Plakat trägt, auf dem Haller lesen kann: „Anarchistische Abendunterhaltung! Magisches Theater! Eintritt nicht für jed..." (S. 46). Zu keinem Gespräch bereit, steckt der Mann dem wissensdurstigen Suchenden einfach ein kleines Büchlein zu und verschwindet. Zu Hause nimmt Haller das auf schlechtem Papier gedruckte Jahrmarktsbüchlein hervor. Auf dem Umschlag liest er: *„Tractat vom Steppenwolf. Nur für Verrückte."* (S. 49 f.)

Stichwörter/wichtige Textstellen in:
„Höllentage" (S. 32), Haller verträgt die Zufriedenheit nicht gut (S. 32), Bedürfnis, etwas kaputt zu schlagen (S. 33), Aurakarie im Treppenhaus (S. 34), Ausnahmeerlebnisse in seinem Leben (S. 35), in seiner steppenwölfischen Gespaltenheit und Isolation empfindet sich Haller als verrückt:

> *„Wer las nachts überm Rhein die Wolkenschriften der ziehenden Nebel? Es war der Steppenwolf. Und wer suchte über den Trümmern seines Lebens den zerflatternden Sinn, litt das scheinbar Unsinnige, lebte das scheinbar Verrückte, hoffte heimlich im letzten irren Chaos noch Offenbarung und Gottesnähe?"* (S. 42)

2.2.3 Der *Tractat vom Steppenwolf*

psychologische Studie

Bei dem *Tractat* handelt es sich um eine psychologische Studie über Hallers eigene Schicksalsproblematik, in der er offenbar selbst als Beispiel für die ‚Steppenwölfe' fungiert. In der Fallanalyse eines Menschen namens „Harry" (S. 51) wird der Steppenwolf folgendermaßen definiert: Der Steppenwolf steht, seiner eigenen Auffassung zufolge, außerhalb der bürgerlichen Gesellschaft, da er weder Familienleben noch sozialen oder materiellen Ehrgeiz kennt. Er besitzt zwei Naturen, „eine menschliche und eine wölfische" (S. 51), die einander in Todfeindschaft gegenüberstehen und sich wechselseitig verspotten und bekämpfen. Frieden schließen die beiden Hälften seiner Seele nur in den seltenen Ausnahme- und Glückszuständen seines Lebens. Der Steppenwolf zeichnet sich durch sein Bedürfnis nach Unabhängigkeit aus, weshalb er für einen ordentlichen Beruf untauglich ist. Außerdem besitzt er einen Hang zum Selbstmord, der für ihn eine Art Trost und „Notausgang" (S. 58) darstellt und ihm paradoxerweise das Leben erst erträglich macht.

Er verachtet den Bürger und ist stolz darauf, keiner zu sein. Trotzdem lebt der Steppenwolf in mancher Hinsicht bürgerlich, denn er hat sein Geld auf der Bank, unterstützt arme Verwandte und kleidet sich zwar sorglos, doch anständig und unauffällig. Es gefällt ihm, sich als Sonderling oder Genie zu fühlen, doch lebt er niemals in jenen Randzonen der Gesellschaft, in denen es keine Bürgerlichkeit mehr gibt.

das Bürgerliche als Kompromiss

Das „Bürgerliche" gilt dem anonymen Verfasser der Studie als ein Versuch, die Extreme und Gegensätze im Menschen auszugleichen, der jedoch auf Kosten der Lebensintensität geht. Dass dennoch das Bürgerliche in der Gesellschaft gedeiht, liegt an der Vitalität der wenigen Steppenwölfe und gesellschaftlichen Außenseiter. Der Steppenwolf hat sowohl eine Anlage zum Heiligen wie zum Wüstling in sich, nur die wenigsten Steppenwölfe schaffen es, das Bürgerliche gänzlich hinter sich zu lassen und ins Kosmische der ewigen Kunst vorzustoßen. Für jene, die zurückbleiben, bleibt einzig der Humor als Ausweg und Rettung. Damit dieser Ausweg möglich wird, müssten sich einmal Mensch und Steppenwolf wirklich in die Augen sehen.

Wahn der Persönlichkeit

Zum Schluss der Studie wird der Begriff des ‚Steppenwolfs' als vereinfachendes Hilfsmittel zum Verständnis der eigentlichen Theorie vom Menschen bezeichnet: In Wahrheit hat der Mensch nicht nur zwei Seiten oder Pole in sich, tatsächlich ist er „ein aus vielen Fäden bestehendes Gewebe" (S. 69) und die Einheit des Ichs nur eine Täuschung, ein „Wahn der Persönlichkeit" (S. 69), der von den fernöstlichen Weisheitslehren längst durchschaut worden ist.

Am Ende appelliert der anonyme Verfasser an den Steppenwolf, von seinem Ich-Bewusstsein – das ihn von den Bürgern unterscheidet – zu jenem All-Bewusstsein, von dem einst Buddha sprach, zu gelangen und das Wagnis der Menschwerdung zu versuchen, statt sich bei jeder Schwierigkeit auf sein Steppenwolfdasein zu berufen. Dazu müsste er jedoch auch all die anderen Seiten und Aspekte seiner Persönlichkeit erkennen und annehmen.

Stichwörter/wichtige Textstellen:
Dauernder Kampf zwischen Mensch und Steppenwolf in Harrys Seele (S. 52), Augenblicksglück (S. 54), Leiden an seinem Unabhängigkeitsbedürfnis (S. 56), Trost der Selbstmord-Fantasie (S. 57 f.), das Bürgerliche (S. 61), Humor als Ausweg (S. 63), Rede vom Steppenwolf als „vereinfachende Mythologie" (S. 46), Seele als „Chaos von Formen, von Stufen und Zuständen, von Erbschaften und Möglichkeiten" (S. 68), Mensch als „schmale, gefährliche Brücke zwischen Natur und Geist" (S. 70), der Weg Buddhas (S. 72), Erweiterung des faustischen Zwei-Seelen-Motivs; Appell des *Tractats*/Gartengleichnis (Seele = Paradiesgarten mit tausend Blumen, S. 74); der Weg zu den Unsterblichen und ihrem Humor ist das Ziel seiner Entwicklung:

> *„(...) wir lassen ihn seinen Weg allein weitergehen. Wäre er schon bei den Unsterblichen, wäre er schon dort, wohin sein schwerer Weg zu zielen scheint, wie würde er diesem (...) Steppenwolf ermunternd, tadelnd, mitleidig, belustigt zulächeln!"* (S. 74)

2.2.4 Harry Hallers Aufzeichnungen (2)

Dem scheinbar objektiven Selbstzeugnis des Jahrmarktsheftchens fügt Haller ein eigenes, wenige Wochen zuvor verfasstes Selbstbildnis in Knittelversen hinzu. In beiden Porträts erkennt er die Unerträglichkeit seines Zustandes. In seiner Selbstschau erinnert er sich an die grausamen Wendepunkte seines Lebens, als er einst Ruf und Achtung in der bürgerlichen Welt verloren hat, anschließend sein Familienleben durch seine geisteskrank gewordene Frau zerbrochen und er zuletzt in die „leere öde Hölle der Lieblosigkeit und Verzweiflung" (S. 77) gestoßen worden ist. Haller erkennt sein ganzes bisheriges Leben als einen beständigen Abstieg, als wachsende Entfernung vom Normalen und Gesunden. Ohne die Kraft und den Willen, sich noch einmal zu verändern, beschließt er, sich nun endgültig das Leben zu nehmen, sobald ihm das nächste Mal das Bedürfnis danach überkommt.

Beschluss zum Selbstmord

Oft sucht er in den folgenden Tagen vergebens nach der Mauer mit dem Tor und der Lichtreklame und nach dem Mann mit dem Bauchladen, der ihm das Heftchen gegeben hat, und oft fühlt er bei der Suche den wachsenden Ekel vor dem Leben und den beiden Harrys, die einander beobachten, verhöhnen und anspucken. Zufällig folgt er einem Leichenzug zum Friedhof, wo er einen Mann anspricht, der dem Mann mit dem Bauchladen sehr ähnlich sieht, doch rät ihm jener Unbekannte nur, seine Bedürfnisse in einer Kneipe namens Schwarzer Adler zu befriedigen. In einem Zustand voller Selbstekel und Verzweiflung begegnet Haller einem ihm bekannten jungen Wissenschaftler, der sich freut, ihn zu sehen, und ihn für den Abend zu sich einlädt. Aus einem Zustand der Schwäche und Bedürftigkeit heraus nimmt Haller die Einladung an, ärgert sich jedoch hinterher über sich selbst.

Der junge Professor erweist sich als ein nationalkonservativ gesinnter Mensch, an den die modernen Erschütterungen des Denkens vorbeigegangen sind. Er zeigt Haller empört eine militaristisch-reaktionäre Zeitung, in der ein Namensvetter seines Gastes, ein Pazifist namens Haller, als Vaterlandsverräter beschimpft wird. Der Professor stimmt dem Tenor des Artikels vorbehaltlos zu, ohne zu wissen, dass jener „vaterlandslose Geselle" (S. 89 f.) mit seinem Gast identisch ist. Da Haller sich in der Gegenwart des Professors und seiner Frau immer unwohler und fremder fühlt, bezeichnet er sich voller Ekel vor seinen Gastgebern als schizophren: Er gesteht, dass er selbst dieser vaterlandslose Geselle sei und dass seiner Ansicht nach sich wenigstens die paar wenigen denkfähigen Menschen zu Vernunft und Friedensliebe bekennen statt blind und besessen auf einen neuen Krieg lossteuern sollten, damit es der Welt besser ginge. Auslöser seines Ausbruchs ist ein Goethe-Porträt, das den Weimarer Dichter als braven Bürger zeigt.

„vaterlandsloser Geselle"

Nachdem er anschließend durch die Straßen geirrt ist mit dem festen Entschluss, sich trotz aller Todesfurcht nach seiner Heimkehr umzubringen, lernt er in dem Wirtshaus Schwarzer Adler eine Prostituierte kennen. Sie führt ein unkonventionelles Leben und lenkt ihn durch ein Gespräch von seinen Selbstmordgedanken ab. Dass Harry keinen der modernen Tänze kann, vermag sie kaum zu glauben. Harry schüttet ihr sein Herz aus, doch die junge Frau hat für seine Steppenwolf-Probleme und Selbstmord-Pläne nur Spott übrig und vergleicht Haller mit einem unreifen Knaben. Während die junge Frau ihre Lust zu tanzen mit einem anderen Gast befriedigt, fällt Haller in tiefen Schlaf. Er träumt von einem Gespräch mit Goethe, in dem der Dichter ihn spottend über die Wichtigkeit des Spaßes an Tanz und Liebe aufklärt. Der tanzende Traum-Goethe wirft Haller vor, ihn und seine Werke viel zu ernst zu nehmen. Nach ihrer Rückkehr verrät die junge Frau Harry, dass sie ihn und seine Wut auf das verbürgerlichte Goethe-Porträt versteht, weil es ihr selbst mit ihrer Liebe zu den christlichen Heiligen oft ähnlich ergeht.

Der betrunkene Harry übernachtet in einer Kammer des Wirtshauses und kehrt erst am folgenden Tag in sein Zimmer zurück. Bei seinem Wiedersehen mit der jungen Frau erfährt er endlich ihren Namen: Hermine. Der Name erinnert ihn an seinen Jugendfreund Hermann, und er erkennt in Hermine eine Art Spiegel, der ihm antwortet und ihn versteht. Hermine prophezeit ihm, dass er sich einmal in sie verlieben werde und dass sie ihm einmal befehlen werde, sie zu töten. Haller erzählt ihr von dem rätselhaften Traktat über sich; Hermine bestimmt, dass er bei ihr Tanzunterricht zu nehmen hat, gegen Harrys Überzeugung. Bei ihrem nächsten Treffen unterhalten sie sich über Pazifismus und die Möglichkeit eines neuen Krieges, Hermine hält Harrys Kampf gegen den Krieg für eine „hoffnungslose Donquichotterie" (S. 128). Anschließend kaufen sie gemeinsam ein Grammophon, und Hallers Tanzunterricht beginnt. Auf einer Tanzveranstaltung in einem Hotel stellt Hermine Harry die Kurtisane Maria vor, mit der er trotz seiner Versagensängste mehrere Male tanzt. Außerdem lernt er einen schönen, geheimnisvollen Saxofonbläser namens Pablo kennen. Zu seiner eigenen Überraschung macht Harry das Tanzen Spaß. Hermine gesteht ihm dabei, dass auch sie am Leben und an den Menschen leidet, sie beide seien gar nicht so verschieden, seien beide „Kinder des Teufels" (S. 136).

Hermine – Harrys Spiegel

Maria und Pablo

In der folgenden Zeit öffnet sich Haller zunehmend für Dinge, die er früher verachtet hat, beispielsweise für moderne Unterhaltungsmusik, und fühlt sich mehr und mehr zwischen einem alten und einem neuen Harry Haller zerrissen. Auch erscheint ihm sein Steppenwolf-Selbstbild jetzt als ungenügend. Der Musikant Pablo macht ihn mit Drogen bekannt, weigert sich aber, sich mit ihm ernsthaft über Musik zu unterhalten; Harry wird

aus ihm nicht klug. Bald darauf findet Haller in seinem Bett zu seiner Überraschung Maria vor, die ihm, dem älteren Herrn, neue erfüllende und verjüngende Liebeskünste lehrt und ihn an die Quelle seiner Seele führt – ein Geschenk von Hermine.
Dank Maria versöhnt sich Haller zum ersten Mal mit seiner Sinnlichkeit und Sexualität, dringt noch tiefer in die Welt der Vergnügungslokale, Bars und Tanzveranstaltungen ein, entwickelt auch erstmals ein Verständnis für die Welt der Mode, die er bislang verachtet hat. Mit Pablo, Maria und Hermine eröffnen sich Haller ganz „neue Liebes- und Lebensmöglichkeiten" (S. 157).
Alles ist jedoch nur ein Vorspiel für das Eigentliche, den Maskenball in den Globussälen. Ehe der große Tag da ist, unterhält sich Haller noch einmal mit Hermine über die „Gemeinschaft der Heiligen" (S. 164), die Unsterblichen und die Ewigkeit und genießt eine letzte Liebesnacht mit Maria. Die Aussicht auf den nahenden Maskenball bereitet Haller Todesangst. Vor dem Ball besucht er eine Kneipe sowie ein Kino, in dem ein Film über das Alte Testament zu sehen ist. Auf dem Ball kann er Hermine zunächst nicht finden, fühlt sich erneut als Außenseiter und ist bereits wieder dabei, enttäuscht die Veranstaltung zu verlassen, als ihm ein Zettel in die Hand gedrückt wird, Hermine sei in der „Hölle" (S. 175). Harry eilt in den Keller, wo er Hermine in ihrer Verkleidung als hübscher Jüngling zuerst gar nicht erkennt. Der von ihr ausgehende hermaphroditische Zauber führt dazu, dass er sich in sie verliebt; in einem endlos scheinenden Tanzrausch erlebt er die Lust an der Auflösung der Persönlichkeit.

der Maskenball

Nach der Veranstaltung führt Pablo Harry und Hermine in ein in blaues Licht getauchtes Zimmer, verteilt Drogen und lädt sie ein, das magische Theater zu betreten, was Harry schon seit langem ersehnt hat.

im „magischen Theater“

Im magischen Theater hält Pablo dem Harrywolf einen Spiegel vor, dessen Bild er „aufrichtig" (S. 188) auslachen muss. Das Spiegelbild – Hallers Persönlichkeit – erlischt, und Haller kann nun die „Schule des Humors" (S. 188) betreten. Aus einem anderen Spiegel, in den er blickt, lösen sich zahllose Abbilder seines Ichs, fünfzigjährige und zwanzigjährige Harrys heraus. Bei seinem Gang durch die Korridore des Theaters gelangt er an zahlreiche Türen mit zum Eintreten verlockenden Inschriften. Durch diese hindurch betritt er ein Reich ohne Zeit und Realität. Jeweils in andere Fantasien hineinversetzt, erlebt er in fantastischen Bildern das „Chaos der Anarchie" (S. 191) und grausame Maschinenschlachten eines (zukünftigen) Krieges. Von einem Mann vor einem Schachbrett erfährt er die „Anleitung zum Aufbau der Persönlichkeit" (S. 202) durch das künstlerische Aufbauen und Spielen mit all seinen Ich-Figuren. In einer Jahrmarktbude beobachtet er das „Wunder der Steppenwolfdressur" (S. 205), wobei Tierbändiger und Wolf Harry jeweils die Rollen tauschen und Harry in sich selbst die blutrünstige Grausamkeit sieht, die er einst als Pazifist verspottet hat. Er erlebt die faustische Verwandlung – holt die verpassten Liebesräusche seiner Jugend nach – und hört Mozarts Lachen der Unsterblichen. Erst im letzten Raum findet er Hermine wieder, doch liegt sie mit Pablo beieinander; Harry erinnert sich an ihre Prophezeiung und ersticht Hermine mit einem (gespiegelten) Messer. Da er, wie ihm Mozart-Pablo vorwirft, das magische Theater mit der Wirklichkeit verwechselt und noch immer keinen (Galgen-)Humor erlernt hat, wird Harry wegen mutwilligen Missbrauchs des magischen Theaters zur „Hinrichtung" verurteilt. Er erleidet die Strafe des „einmaligen Ausgelachtwerdens" (S. 227).

Wenig später sitzt er wieder mit Pablo zusammen, der Hermine in seinen Fingern zur Spielfigur schrumpfen lässt und in seine Westentasche steckt. Während Harry den süßen, schweren Rauch von Pablos Zigarette einatmet, weiß er, dass er das Figurenspiel einmal besser spielen wird.

Stichwörter/wichtige Textstellen:
Das Gedicht vom „Steppenwolf" (S. 75) als zweites Selbstbildnis in Knittelversen und der *Tractat* bewirken neue Einsichten:

> *„Und diese beiden Bildnisse zusammen, mein schwermütig stammelndes Gedicht und die kluge Studie von unbekannter Hand, (...) zeigten beide deutlich die Unerträglichkeit und Unhaltbarkeit meines Zustandes. Dieser Steppenwolf mußte sterben, er mußte mit eigener Hand seinem verhaßten Dasein ein Ende machen – oder er mußte, geschmolzen im Todesfeuer einer erneuten Selbstschau, sich wandeln, seine Maske abreißen und eine neue Ichwerdung begehen."* (S. 76)

Abschied von der bürgerlichen Welt als „vollkommener Sieg des Steppenwolfes" (S. 93), Traum der Begegnung mit Goethe (S. 103–108), auch Goethe mahnt Haller zu Humor und Gelassenheit: „»Mein Junge, du nimmst den alten Goethe viel zu ernst. (...) Wir Unsterblichen lieben das Ernstnehmen nicht, wir lieben den Spaß. (...)«" (S. 107); Hermines Bedeutung für Haller: „Ich dachte nur an sie, ich erwartete alles von ihr, ich war bereit, ihr alles zu opfern und zu Füßen zu legen, ohne doch im mindesten in sie verliebt zu sein." (S. 114); Hermine als Spiegel für Harry (S. 118), Hermine befiehlt Harry, sie einst zu töten (S. 120 f.); Harrys Eifersucht auf Pablo (S. 131), Harry und Hermine als „Kinder des Teufels" (S. 136), fortschreitende Zerstörung von Harrys früherer Persönlichkeit (S. 139), „neue Liebes- und Lebensmöglichkeiten" (S. 157), Ewigkeit und „Gemeinschaft der Heiligen" (S. 164), das Gedicht über *Die Unsterblichen* (S. 166), „das Geheimnis vom Untergang der Person in der Menge, von der Unio mystica der Freude" (S. 179), das magische Theater als Opiumfantasie:

Opiumfantasie

> *„Aus einer Wandnische nahm er [Pablo] drei Gläschen und eine kleine drollige Flasche, nahm eine kleine exotische Schachtel aus farbigen Hölzern (...) nahm aus der Schachtel drei dünne, lange, gelbe Zigaretten, zog aus der seidenen Jacke ein Feuerzeug und bot uns Feuer an. Jeder von uns rauchte nun, in seinem Sessel zurückgelehnt, langsam seine Zigarette, deren Rauch dick wie Weihrauch war, und trank in kleinen langsamen Schlucken die herbsüße, wunderlich unbekannt und fremd schmeckende Flüssigkeit (...)"* (S. 185).

Harrys Person zerfällt in viele Unter-Ichs (S. 203), unendliche Mannigfaltigkeit des Lebensspieles als Lebenskunst (S. 204), „Radiomusik des Lebens" (S. 228), Harry besudelt die Bilderwelt mit „Wirklichkeitsflecken" (S. 229).

2.3 Aufbau

2.3.1 Kompositionsstruktur

Hermann Hesse betonte stets die strenge Form seines Romans:

> *„Rein künstlerisch ist der* Steppenwolf *mindestens so gut wie* Goldmund, *er ist um das Intermezzo des Traktats herum so streng und straff gebaut wie eine Sonate und greift sein Thema reinlich an."*
> *„Der* Steppenwolf *ist so streng gebaut wie ein Kanon oder eine Fuge und ist bis zu dem Grade Form geworden, der mir eben möglich ist."*[15]

Der **äußere Aufbau** des Romans ist trotz dieser Strenge zunächst verwirrend, da er keine übliche Einteilung in Abschnitte und Kapitel aufweist. Stattdessen lässt sich das Werk in **drei Hauptteile** gliedern, die jeweils verschiedene Erzähler bzw. Erzählperspektiven aufweisen und sich trotzdem aufeinander beziehen: das Vorwort einer als Herausgeber auftretenden Nebenfigur, die eigentliche Handlung bzw. Ich-Erzählung Harry Hallers und der *Tractat vom Steppenwolf*, der die Handlung früh unterbricht und retardiert. Nach dem Tractat läuft die wieder aufgenommene Handlung einsträngig und linear auf ihren Höhepunkt - den Maskenball - zu und endet schließlich im magischen Theater.

Der **innere Aufbau** spiegelt die erzählerische Verarbeitung des Themas der Seelen-Zeitkrankheit wider und ist daher tiefer und detaillierter zu erfassen.[16] Der erste Ich-Erzähler (der bürgerliche Herausgeber und Neffe der Vermieterin) beobachtet einen Fremden namens Harry Haller und berichtet von seinem plötzlichen Verschwinden und der zurückgelassenen seltsamen

15 Beide zitiert nach: Pfeifer, *Hesse-Kommentar*, S. 228.
16 Vgl. Kwangsoo, S. 131–154.

autobiografischen Schrift. **Ich-Erzähler 1** sagt deutlich, dass diese Aufzeichnungen ein Versuch seien, „die Krankheit selber zum Gegenstand der Darstellung zu machen." (S. 26)
Im zweiten Teil ist nun Harry Haller ‚anwesend' und übernimmt die Ich-Erzählerrolle. **Ich-Erzähler 2** stellt außerdem eine noch seltsamere Schrift vor, die ihm in die Hände gefallen ist und in der sein Leben und seine Krankheit von einem Unbekannten ausführlich analysiert und beschrieben werden. In dieser Schrift, dem *Tractat*, tritt ein **Erzähler 3** auf, der Haller zeitlich unbegrenzt und bis ins persönlichste Detail beobachtet und analysiert (hat). Dieser offenbar allwissende[17] Erzähler des *Tractats* gibt sich im Verlauf der Handlung, die im magischen Theater endet, als die (Regisseur-)Figur Pablo zu erkennen. Diese Figur mit ihren unsterblichen und unendlichen Verwandlungsformen verkörpert Hallers abgespaltenes, ‚fremdes' Ich, dessen Annahme sein persönliches – und das zeitliche – Heilmittel wäre. Außen- und Innenleben des Helden werden also in der Kompositionsstruktur (sowie in der Figurenkonstellation, vgl. Kap. 2.4 dieser Erläuterung) abgebildet. Erzähler 1 weist darauf hin, dass in den Steppenwolf-Aufzeichnungen keine zentrale Geschichte vorliegt, sondern ein **Abbildungsprozess des Gegenstandes der Krankheit**. Der „Gang durch die Hölle" und „durch das Chaos" der Krankheit wird hier ‚wörtlich' (S. 26), d. h. durch die Text- und Sprachstruktur abgebildet. So stellen die Aufzeichnungen selbst Krankheit und den Kampf dagegen dar: Kampf heißt, „dem Chaos die Stirn zu bieten" (S. 26). Das wiederum bedeutet **Appell** an die Leserinnen und Leser, die den möglichen Heilprozess beobachten.[18]

17 „Er war meistens sehr unglücklich, (...) und unglücklich konnte er auch andre machen, nämlich wenn er sie liebte und sie ihn." (S. 53) Diese Angaben überschreiten erkennbar den zeitlichen Rahmen der Situation.

18 Während der Leser sonst gefahrlos aus der Ferne zuschauen kann, so muss er beim *Steppenwolf* „seine eigene Zeit, seine eigenen Probleme sehen, muß sich vor sich selbst schämen, und das will er nicht." Hesse am 13. 11. 1930 an M. W. Zitiert nach: Michels (Hrsg.), *Materialien*, S. 143.

Kompositionsstruktur des *Steppenwolf*-Romans

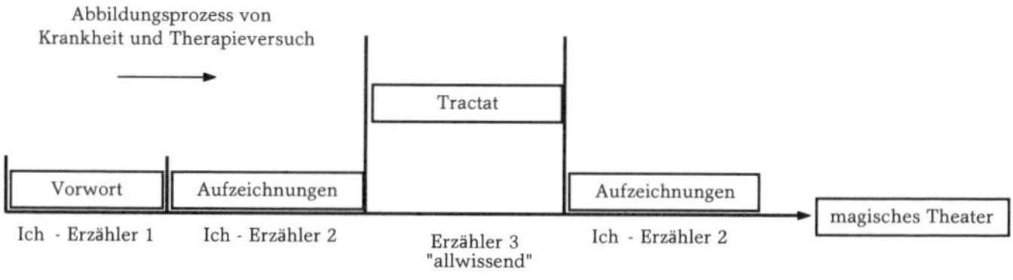

2.3.2 Zur Struktur der Einzelelemente und ihrer Funktion im Ganzen

Vorwort des Herausgebers

Das Vorwort des fiktiven Herausgebers bietet den Blick auf den Protagonisten aus der **Perspektive eines typischen Bürgers**. Seine erste Reaktion auf das Besondere an Haller sei „Widerwille" gewesen. Als, wie er sich selbst bezeichnet, „intellektueller" Mensch hat er gespürt, dass der neue Mieter seiner Tante „auf irgendeine Art geistes- oder gemüts- oder charakterkrank" sei (S. 14).

Relativierung und Distanzierung

Somit kommt dem Vorwort die **Funktion** der Relativierung und Distanzierung von Harry Hallers Aufzeichnungen zu. Diese sind „Nur für Verrückte" bestimmt, aus bürgerlicher Sicht werden sie als Fantasien eines Geisteskranken und als Abbild einer Neurose betrachtet. Der ‚Herausgeber' weist auf den zeitlichen Rahmen hin, indem er dem Leser direkt zu Beginn mitteilt, dass der Einzug Hallers „einige" Jahre vor der Niederschrift des Vorwortes stattgefunden habe und Haller in dem Haus für „neun oder zehn" Monate gewohnt habe (S. 7). Zudem schildert er Hallers Lebensumstände: Die meiste Zeit habe der seltsame Mieter in seinen von Büchern, Zeitschriften und Zeichnungen überhäuften Räumen zwischen Zigarrenresten, Aschenschalen und Weinflaschen verbracht. Der Verfasser hingegen beschreibt sich selbst in seinen Lebensgewohnheiten als Gegenteil dieses „zuchtlosen" Fremden: „Ich bin nicht nur ein bürgerlicher, regelmäßig lebender Mensch, an Arbeit und genaue Zeiteinteilung gewöhnt, ich bin auch Abstinent und Nichtraucher (...)" (S. 17). Trotz seiner bürgerlich begrenzten Sicht stellt der junge Mann einen intelligenten und zuverlässigen **Beobachter** dar, der durch Anteilnahme und Reflexion den Konflikt des Steppenwolfes erkennt. Er beschreibt Hallers Aufzeichnungen als Dichtungen im Sinne eines Ausdrucksversuches, „der tief erlebte Vorgänge im Kleide sichtbarer Ereignisse darstellt" (S. 24), und unterstützt den Anschein ihrer **Wahrhaftigkei**t, indem er ihre Entstehung auf die letzte Zeit seines Aufenthaltes zurückführt, als Haller „tatsächlich" ein verändertes, auffällig lebendiges und verjüngtes, geradezu vergnügtes Benehmen und Aussehen zeigte (vgl. S. 25). Durch seine nähere Bekanntschaft mit dem Protagonisten kann er an dieser Krankheit Hallers die Neurose einer ganzen Generation erkennen, die sich in dem **Chaos von Gegensätzen** der Weimarer Republik zurechtfinden muss. Die Spannungen in Politik und Gesellschaft beschreiben die zwei Lebensstile, die zu Hallers persönlichen Qual geworden sind und von denen der Herausgeber hier spricht: „Zum wirklichen Leiden, zur Hölle wird das menschliche Leben nur da, wo zwei Zeiten, zwei Kulturen und Religionen einander überschneiden." (S. 26)

Herausgeber als Zeuge

Harry Hallers Aufzeichnungen

Die anschließende Handlung in *Harry Hallers Aufzeichnungen* stellt nun zunächst parallel die Kommentare und Perspektive Hallers zum Vorwort des Herausgebers dar. So sind zum Teil geschilderte Ereignisse wie Gespräche zwischen Herausgeber und Haller identisch (vgl. S. 18 f. und 33 f.). Nun liegt jedoch die Ich-Perspektive der Hauptfigur vor, und die im Vorwort zunächst oberflächlich erkannte Thematik wird von Haller selbst deutlich verschärft:

Perspektive des Steppenwolfs

> *„Wer die anderen Tage geschmeckt hat, die bösen (...), an denen uns, inmitten der zerstörten und von Aktiengesellschaften ausgesogenen Erde, die Menschenwelt und sogenannte Kultur in ihrem verlogenen und gemeinen blechernen Jahrmarktsglanz auf Schritt und Tritt wie ein Brechmittel entgegengrinst, konzentriert und zum Gipfel der Unleidlichkeit getrieben im eigenen kranken Ich – (...) der ist (...) dankbar (...), stellt er beim Lesen des Morgenblattes fest, daß auch heute wieder kein Krieg ausgebrochen, keine neue Diktatur errichtet, keine besonders krasse Schweinerei in Politik und Wirtschaft aufgedeckt worden ist"* (S. 31 f.).

Auch bringt er seine antibürgerliche Haltung in **schockierenden Gewaltfantasien** deutlich zum Ausdruck: Er fühlt „eine rasende Lust", seine Umgebung zu zerstören und „ein kleines Mädchen zu verführen oder einigen Vertretern der bürgerlichen Weltordnung das Gesicht ins Genick zu drehen." (S. 33) Diese Perspektive bezieht sich direkt auf die des Vorwortes, **kommentiert und kontrastiert** – auch sprachlich – die Ansichten der Bürgertums.

Der *Tractat vom Steppenwolf*

Der Tractat **unterbricht die Handlung** relativ früh, die zunächst fast ausschließlich aus Hallers Reflexionen über seine Existenz als „Verrückter", als Steppenwolf besteht. Haller liest nun zu seinem Erstaunen eine Beschreibung seiner Person aus **scheinbar objektiv-wissenschaftlicher Perspektive**. Da

Haller jedoch von der magischen Theatergesellschaft gelenkt wird, ihm diese Studie durch subjektive Sinneswahrnehmungen (Leuchtschrift, Spiegelung von tanzenden Buchstaben) angedeutet und durch einen rätselhaften Bauchladenverkäufer zugespielt wird, ist die scheinbare Objektivität auf die **‚Wissenschaft' des magischen Theaters zu** beziehen. Dem *Tractat* kommt zunächst die Funktion zu, Hallers Existenzproblem zu objektivieren, indem ihm (und dem Leser) seine Lage systematisch und frei von Emotionen, jedoch durch sprachliche Verbindung von Wissenschaft und Magie, erklärt wird. Der Form des **Jahrmarktbüchleins**[19] entspricht der märchentypische Anfang der ‚Studie': „Es war einmal einer namens Harry, genannt der Steppenwolf. Er ging auf zwei Beinen, trug Kleider und war ein Mensch, aber eigentlich war er doch eben ein Steppenwolf." (S. 51)

Objektivierung von Hallers Existenzproblem

Der weitere Verlauf der Studie ist in **drei Teile** gliederbar: Zunächst liest Haller eine **Persönlichkeitsanalyse** des Typus ‚Steppenwolf', die den Sachverhalt des Zwei-Seelen-Problems veranschaulicht:

> *„(…) wenn Harry als Mensch (…) eine sogenannte gute Tat verrichtete, dann bleckte der Wolf in ihm die Zähne und lachte und zeigte ihm mit blutigem Hohn, wie lächerlich dieses ganze edle Theater einem Steppentier zu Gesicht stehe (…), wenn Harry sich als Wolf fühlte und benahm, (…) lag das Menschenteil in ihm auf der Lauer (…) und vergällte ihm alle Freude an seinem einfachen, gesunden und wilden Wolfswesen"* (S. 52)

Um seine Bewusstseinsspaltung entweder vereinigen oder akzeptieren zu können, muss er sie selbst erst deutlich begreifen.

19 Im Erstdruck sah der *Tractat*-Teil durch eine andere Schrift und farbige Deckblätter auch optisch wie ein billiges Groschenheft aus. Vgl. Huber, S. 85.

Der zweite Teil definiert **das „Bürgerliche"** und stellt sein Verhältnis zu den Steppenwölfen der Gesellschaft dar. Der „hohe Grad von Individuation" trennt den Steppenwolf vom Bürger. Da dieser Individuationsgrad höchste intellektuelle Fähigkeiten hervorruft, bleibt er jedoch auch an den Bürger gebunden. So bleibt dem Steppenwolf nur noch die dritte, imaginäre **Welt des Humors**, die ihn von seiner Existenz- und Identitätskrise erlösen kann. Das Ende der Handlung, der Eintritt in das kaleidoskopische magische Theater, in die „Schule des Humors", zu dem Harry Haller noch vieles fehlt, wird hier bereits angedeutet:

> *„Einzig der Humor, die herrliche Erfindung der in ihrer Berufung zum Größten Gehemmten, der beinahe Tragischen, der höchstbegabten Unglücklichen (...) vollbringt dies Unmögliche, überzieht und vereinigt alle Bezirke des Menschenwesens mit den Strahlungen seiner Prismen."* (S. 64)

Hier kommt dem *Tractat* deutlich die Funktion des Vorbereitens auf die finale Aufnahme ins magische Theater zu.

Vorbereitung aufs magische Theater

Der dritte und abschließende Teil des *Tractats* wird durch eine Leerzeile grafisch hervorgehoben und erklärt durch einen Perspektivenwechsel die entscheidende **Heilmethode**. Dem Verfasser des *Tractats* zufolge, dient die abendländische dualistische Begrifflichkeit lediglich als Hilfsmittel zum Verständnis der eigentlichen morgenländischen „Vielspältigkeit" des Menschen:

> *„Harry besteht nicht aus zwei Wesen, sondern aus hundert, aus tausenden. Sein Leben schwingt (wie jedes Menschen Leben) nicht bloß zwischen zwei Polen, etwa dem Trieb und dem Geist, oder dem Heiligen und dem Wüstling, sondern es schwingt zwischen tausenden, zwischen unzählbaren Polpaaren."* (S. 66 f.)

Heilmittel ist also eine Menschwerdung im buddhistischen Sinne, wie sie auch in Hesses Roman *Siddhartha* gestaltet wird. Der Wahn von der Einheit des Ichs bzw. der Persönlichkeit soll durchbrochen und das **Individuum als ein Bündel aus vielen Ichs** erkannt werden, ohne dass freilich Schizophrenie im medizinischen Sinne konstatiert wird. Solche ‚Geheilten' werden als **„Unsterbliche"** bezeichnet, da sie keine Polaritäten kennen, sondern das Chaos und die innere Vielfalt als natürlichen Zustand akzeptieren und alle Erscheinungsformen des Lebens als gut und notwendig betrachten. Daher argumentiert die *Tractat*-Wissenschaft explizit auf metaphysischer Ebene („Metaphysisch betrachtet sieht die Sache anders und viel klarer aus ...", S. 58) und wählt auch eine vereinfachendere Sprachform anstelle der spezialisierten Fachterminologie der Psychoanalyse.

Menschwerdung im buddhistischen Sinne

Harry Hallers steppenwölfische Situation zwischen der bürgerlichen Welt und der Welt der Unsterblichen wird also im *Tractat* aus der Perspektive der Unsterblichen (später in dem Saxophonisten Pablo verkörpert) geschildert. Auch hier sind Überschneidungen[20] mit seinen vorausgehenden subjektiven Eindrücken und den eingangs vom Herausgeber geschilderten bürgerlichen Sichtweisen zu erkennen.

Erst jetzt ist die Ausgangslage geklärt, und die Handlung kann **linear** und zügig zu ihrem **Höhepunkt** gelangen. Erst jetzt sind Protagonist und Leser dafür bereit, die fantastischen Rausch-Traumfantasien des magischen Theaters in ihrer Komplexität zu erfassen.

20 „Und dann vertiefte er sich mit Liebe in die Vorstellung, wie an seinem fünfzigsten Geburtstag morgens die Briefe und Gratulationen ankommen würden, während er, seines Rasiermessers sicher, Abschied von allen Schmerzen nahm und die Tür hinter sich zuzog. Dann konnte die Gicht in den Knochen, dann konnten Schwermut, Kopfschmerz und Magenweh sehen, wo sie blieben." (S. 59) Vgl. den Beginn der ‚Aufzeichnungen' (S. 31 f.).

2.3.3 Leitmotive

Ein Leitmotiv ist ein **sprachliches Bild**, eine wiederkehrende Aussage, Wortfolge oder Sinneinheit, das bzw. die im Verlauf eines Werkes **immer wieder zu finden** ist und in seiner/ihrer Bedeutung über sich hinausweist. Ein Leitmotiv dient der Gliederung des Erzählten, der Repräsentation der Handlung und zumeist der Entwicklung des Protagonisten eines literarischen Werkes. Ein Leitmotiv fungiert als **Leitfaden**, der sich durch eine Erzählung zieht.
Hesses Roman *Der Steppenwolf* weist ein breites **Beziehungsgeflecht von Motiven, Symbolen und Anspielungen** auf, die als Leitmotive fungieren.

das magische Theater

Zunächst ist das magische Theater eine Opiumfantasie, die Haller, Hermine und Pablo nach dem Rausch des Maskenballs erleben. Die Erlebnisse des Theaters stehen also unter dem Einfluss von bewusstseinserweiternden Drogen, die Pablo dem Steppenwolf gibt, um ihm seine eigene innere Welt in ihrer Vielfalt sichtbar zu machen:

> *„Ich kann Ihnen nichts geben, was nicht in Ihnen selbst schon existiert, ich kann Ihnen keinen andern Bildersaal öffnen als den Ihrer Seele. Ich kann Ihnen nichts geben, nur (…) den Schlüssel. Ich helfe Ihnen, Ihre eigene Welt sichtbar machen, das ist alles."* (S. 186)

Hier beginnt nun die symbolische Funktion des Theaters als **therapeutische Vermittlungsinstanz** zwischen Hallers verschiedenen Ichs (als Aspekten seiner Persönlichkeit), seinem Geist und seinen Sinnen. Haller kann dieses Theater nur durch seine Sinne wahrnehmen (der erste Kontakt mit dem Theater ist eine Sinneswahrnehmung an einer Mauer!) und erst im Rauschzustand, d. h. nach dem Vergessen seiner Ernsthaftigkeit, betreten. So erscheint Harrys „seelische Wirklichkeit (…) im sichtbaren

Gewande der Realität auf einer Schaubühne."[21] Das Theater dient dazu, den für Haller charakteristischen und tödlichen Ernst zu überwinden und ihn dadurch von seiner Neurose zu heilen: „Sie sind hier in einer Schule des Humors, Sie sollen lachen lernen. Nun, aller höhere Humor fängt damit an, daß man die eigene Person nicht mehr ernst nimmt." (S. 188) Haller kann von seinem ‚Verrücktsein' nur geheilt werden, wenn er wirklich verrückt wird, seinen Alltags-Verstand aufgibt, weshalb der „Eintritt" in das magische Theater auch **„nur für Verrückte"** zulässig ist. So muss der Protagonist an der (Spiegel-)Garderobe seine Wolfsmensch-Persönlichkeit abgeben („Du hast jetzt deine Persönlichkeitsbrille weggeworfen ...", S. 189), um seine innere Wirklichkeit in all ihrer Widersprüchlichkeit zu erleben und nicht mehr als „krank" zu empfinden.

Spiegelmotiv

Pablos Bilderkabinett spiegelt die Bilder in Hallers Seele wider: „Er hielt mir das Spieglein vor die Augen (ein Kindervers fiel mir ein: ‚Spiegelein, Spiegelein in der Hand') und ich sah (...)" (S. 186). In diesem **Spiegelkabinett** wird das Spiegelmotiv, das sich seit Harrys erstem Kontakt mit dem Theater wie ein roter Faden durch den Roman zieht, bildlich fassbar. Alle Spuren, die Haller ins magische Theater und somit zu sich selbst führen, stehen mit dem Spiegel in Verbindung, etwa die auf dem Asphalt gespiegelten Leuchtbuchstaben (vgl. S. 39). Auch in Hallers **Beziehung zu Hermine** spielt der Spiegel eine wichtige Rolle. Schon bei ihrer ersten Begegnung blickt Hermine im Gehen in einen „runden, winzig kleinen Taschenspiegel" (S. 102). Bei ihrem nächsten Treffen weist Hermine explizit auf ihre ‚Spiegelfunktion' hin:

„Zwischenein fragte ich sie: »Wie hast du das gemacht, daß du plötzlich wie ein Knabe aussahest und daß ich deinen Namen er-

21 Meinicke, S. 49.

raten konnte?« / »Oh, das hast alles du selber gemacht. Begreifst du das nicht, du gelehrter Herr: daß ich dir darum gefalle und für dich wichtig bin, weil ich wie eine Art Spiegel für dich bin, weil in mir innen etwas ist, was dir Antworten gibt und dich versteht? Eigentlich sollten alle Menschen füreinander solche Spiegel sein und einander so antworten und entsprechen (…)«". (S. 118)

Was zu Begin des Romans durch das **Motiv der goldenen Spur** angedeutet worden ist (vgl. S. 39), die blitzhafte intensive Einsicht in metaphysische Zusammenhänge des menschlichen Daseins, findet Haller im magischen Theater umfassend präsent. Er begegnet hier den Figuren Goethes und Mozarts alias Pablo als Repräsentanten der so genannten Unsterblichen bzw. als diejenigen Einzelgänger, die gelernt haben, das Leben aus dem Blickwinkel **der Ewigkeit** zu betrachten. Sie erleben die Gegensätze ihrer Person nicht mehr als feindlich, sondern als ‚eigentliche Wirklichkeit einer kosmischen Harmonie'. Dadurch erreichen sie den harmonischen Zustand, der ihnen **dauerhaftes Lachen** ermöglicht und sie über die weltlichen Leiden hebt. Es ist das ‚unheimliche' Lachen, das der krankhaft ernste Haller immer wieder – und im magischen Theater deutlich – hört:

„Mozart begann laut zu lachen, als er mein langes Gesicht sah. Vor Lachen überschlug er sich in der Luft und schlug Triller mit den Beinen: »(…) Das ist ja zum Lachen, du Drachen, zum lauten Lachen, zum Verkrachen, zum In-die-Hosen-Machen!«" (S. 219)

Im magischen Theater kommt auch dem **Motiv des Spiels** besondere Bedeutung zu. So erlebt Haller in einem der vielen Säle das „Wunder der Steppenwolfdressur" (S. 205) als therapeutisches Mittel. Hier wird die wolf-menschliche Gespaltenheit Hallers in einem Rollentauschspiel verändert. Die Figuren seiner Seele nehmen die Gestalten und Wünsche ihrer Feinde an: Der Wolf

Motiv des Spiels

(ebenfalls ein wichtiges Symbol des Romans[22]) verzichtet auf Lammfleisch und bekommt Schokolade, und der Mensch frisst das lebendige Lamm:

> „(...) *der gelehrige Mensch gab sein Letztes her und spielte den Wolf, daß es eine Lust war. Mit Fingern und Zähnen packte er die schreienden Tierchen, riß ihnen Fetzen von Fell und Fleisch heraus, kaute grinsend ihr lebendiges Fleisch und soff hingegeben, trunken mit wollust-geschlossenen Augen, ihr warmes Blut.*" (S. 207)

Die Darsteller dieser Vorstellung führen Haller vor, bis zu welchem Grad er eigentlich mit seinen Teilpersönlichkeiten spielen kann, doch Haller flieht entsetzt durch die Tür. Er erkennt, dass die Lust an Gewalt, die er einst bei Kriegshetzern kritisiert hat, „ebenso wild und böse" in ihm selber wohnt (S. 208). Die wichtigste **Spielregel**, dass sich Leben und Tod korrigieren lassen, lernt Haller zum Schluss nicht;[23] er bereut ernsthaft seinen Mord an Hermine, was den Regisseur sehr enttäuscht: „(...) ich glaubte, du habest das Spiel besser gelernt. Nun, es läßt sich korrigieren." (Pablo, S. 229). Erst als der Spielverderber Harry Hermine als **Spielfigur** Pablos sieht, ahnt er den Sinn des Spiels. Er weiß zuletzt alle **hunderttausend Figuren des Lebensspiels** in seiner Tasche und ist gewillt, die „Hölle meines Innern" (S. 230) noch oft zu durchwandern. „Spielen" und „Lachen" sind das **Heilmittel** seiner Krankheit.

---

22 Zum Tiersymbol „Wolf", das auch in den Vornamen Goethes und Mozarts zu finden ist, vgl. Huber, S. 91.

23 Zur Verdeutlichung des Bekenntnischarakters dieses Romans sei hier eine Äußerung Hesses aus dem Jahr 1925 angeführt: „(Ich) bemerkte (...) wieder diese Isolierung, die mich zum Eremiten bestimmt und welche darin besteht, daß ich in mir ein unergründliches Verlangen trage, das Menschenleben ernst nehmen zu können, während alle anderen es nach einer geheimen, mir unbekannten Spielregel, als ein amüsantes Gesellschaftsspiel betrachten und vergnügt mitspielen. / (...) Und so bummle ich weiter durch die Straßen, sehe mir die hübschen Frauen und die eiligen, verärgerten Männer an, die alle ihr (...) gekünsteltes Festfreude-Gesicht wieder abgelegt haben, und habe (...) meinen Spaß an diesem Theater, hinter dessen geheime Spielregeln ich am Ende doch noch zu kommen hoffe." Zitiert nach: Michels (Hrsg.), *Materialien*, S. 54.

2.4 Personenkonstellation und Charakteristiken

Harry Haller (der „Steppenwolf")
Das **Äußere** des Protagonisten beschreibt der fiktive Herausgeber so:

> *„Er war nicht sehr groß, hatte aber den Gang und die Kopfhaltung von großgewachsenen Menschen, er trug einen modernen bequemen Wintermantel und war im übrigen anständig, aber unsorgfältig gekleidet, glatt rasiert und mit ganz kurzem Kopfhaar, das hier und dort ein wenig grau flimmerte. (…) Erst später merkte und erfuhr ich, daß er krank war (…). Er war (..) höflich, ja freundlich, (..) und dennoch war um den ganzen Mann herum eine fremde und (…) ungute oder feindliche Atmosphäre."* (S. 8 f.)

Dieser äußere Eindruck verweist bereits auf die innere Krankheit und **Zerrissenheit der Figur**. Harry Haller hat sich in zwei Personen gespalten, in einen bürgerlich zivilisierten Menschen und in eine Wolfsnatur. Er ist nach Hesse ein Mensch,

> *„welcher komischerweise darunter leidet, daß er zur Hälfte ein Mensch, zur andern Hälfte ein Wolf ist. Die eine Hälfte will fressen, saufen, morden und dergleichen einfache Dinge, die andre will denken, Mozart hören und so weiter, dadurch entstehen Störungen, und es geht dem Manne nicht gut (…)."*[24]

Mensch und Wolf

Da diese beiden Naturen in Todfeindschaft miteinander leben, schildert der Protagonist auch seine Aufzeichnungen wechselnd **aus beiden Perspektiven**. Damit wird auch das Motto „Nur für Verrückte" verständlich, da der normale Bürger vom **Vorhandensein einer zweiten, dunklen Seite** in seinem Seelenhaushalt nichts weiß.

24 Hesse in: Michels (Hrsg.), *Materialien*, S. 49.

Harry ist tatsächlich „ver-rückt", da er auf eine furchtbare Weise von der Welt abgerückt und in eine tödliche Einsamkeit und Isolation entrückt ist.[25] Eine Szene macht dies deutlich: Haller begegnet auf der Straße einem ihm bekannten Professor, der ihm mit Respekt und Herzlichkeit begegnet. Der Mensch Haller genießt daraufhin wie ein „verhungerter Hund" diesen „Brocken Wärme, den Schluck Liebe, den Bissen Anerkennung", während der Steppenwolf Harry „gerührt grinst" und ihm „im trockenen Schlunde" der „Geifer" (S. 84) zusammenläuft.
Haller führte einst ein Gelehrtenleben, doch ging seine bürgerliche Existenz in die Brüche: Sein Eintreten für Völkerverständigung während des Ersten Weltkrieges führte in einer von Nationalismus aufgepeitschten Gesellschaft dazu, dass er gesellschaftlich geächtet wurde; sein Familienleben wurde zerstört, als seine Frau psychisch erkrankte. Sieht man von seiner Geliebten Erika ab, die er freilich nur gelegentlich trifft, lebt Haller in der Gegenwart des Romans so vereinsamt, dass er schon die Ordentlichkeit und Heimeligkeit in dem gutbürgerlichen Haus seiner Vermieterin genießen kann. Zu Beginn des Romans befindet er sich aus persönlichen wie auch aus gesellschaftlichen Gründen (Haller erwartet für die Zukunft einen neuen Krieg) in einem krisenhaften Zustand, der zu einer **akuten Selbstmordgefährdung** führt (vgl. S. 76 f.).
Da Haller nach einem Gelehrtenleben die Vergeblichkeit des Strebens nach Wissen erkannt hat und sein geplanter Selbstmord durch eine gleichsam metaphysische Macht (die Begegnung mit Hermine) noch einmal verhindert worden ist, versucht er, wie Goethes Faust, nun das zeitlebens versäumte **sinnliche Leben nachzuholen**. Mit Hilfe Hermines und Marias, Figuren, die ihm vom magischen Theater zugespielt werden, lernt er das sinnliche Leben mit Tanz und Erotik kennen.

25 Meinicke, S. 21.

In Übereinstimmung mit dem berühmten Ausspruch Fausts: „»Zwei Seelen wohnen, ach, in meiner Brust!«" (S. 69) erklärt auch Haller seine innere Zerrissenheit durch einen **inneren Dualismus zwischen Wolf und Mensch**. Erst später erkennt er, dass der Tractat und Hermine Recht haben und seine Seele (wie die eines jeden Menschen) in Wahrheit aus einer Vielzahl von Aspekten besteht. Und dass er bis dahin das Leben eines Harry gelebt hat, „der eigentlich nichts war als ein sehr zart ausgebildeter Spezialist für Dichtung, Musik und Philosophie" und der den ganzen Rest seiner Person, das „ganze übrige Chaos von Fähigkeiten, Trieben, Strebungen (...), als lästig empfunden und mit dem Namen Steppenwolf belegt (hatte)." (S. 139)

verdrängte Bedürfnisse nach Sexualität und Lebensfreude

Als Intellektueller, als ‚Kopfmensch' hat Haller bis zum Zeitpunkt der Romanhandlung seine Bedürfnisse nach Sexualität, Lebensfreude, Spaß ‚verdrängt', um es im Vokabular der Psychoanalyse zu sagen, und damit einen wichtigen Bereich seines Selbst abgespalten bzw. als „das Wölfische" abgewertet.

Schließlich erlebt Haller – wie Faust in der Walpurgisnacht (vgl. dazu Kap. 2.7.1 dieser Erläuterung) – auf dem Maskenball den ekstatischen Sinnenrausch und die Auflösung seiner Persönlichkeit:

> *„Aber heute, in dieser gesegneten Nacht, strahlte ich selbst, der Steppenwolf Harry, dies Lächeln, schwamm ich selbst in diesem tiefen, kindhaften, märchenhaften Glück, atmete ich selbst diesen süßen Traum und Rausch aus Gemeinschaft, Musik, Rhythmus, Wein und Geschlechtslust, dessen Lobpreis im Ballbericht irgendeines Studenten ich einst so oft mit Spott und armer Überlegenheit mit angehört hatte. Ich war nicht mehr ich, meine Persönlichkeit war aufgelöst im Festrausch wie Salz im Wasser."* (S. 180)

Auch wenn sein erster Besuch im magischen Theater noch mit seiner „Hinrichtung" endet, so ist Haller doch am Ende offenkundig seiner Gesundung ein Stück näher gekommen: Es scheint eine Chance zu bestehen, dass Wolf und Mensch in ihm Frieden schließen und Haller auch die übrigen Aspekte seiner Persönlichkeit anzuerkennen lernt.

Hermine

„Kurtisane von leidlich gutem Geschmack"

Haller begegnet Hermine erstmals in dem Wirtshaus „Zum Schwarzen Adler", in welches er sich vor seinem geplanten Selbstmord flüchtet. Hermine wird wie Maria als eine Frau der Halbwelt beschrieben, die sich von Männern aushalten lässt, ein Leben in „der Welt der Tanz- und Vergnügungslokale, der Kinos, der Bars und Hotelteehallen" (S. 149) führt, mit Musikern wie dem Saxophonisten Pablo verkehrt und mit Männern wie mit Frauen ins Bett geht. Sie selbst bezeichnet sich als „eine Kurtisane von leidlich gutem Geschmack" (S. 161), ist also eine **Gelegenheitsprostituierte**.
Das hübsche bleiche Mädchen in „einem dünnen, tief ausgeschnittenen Ballkleidchen" und mit einer verwelkten Kamelie im Haar, mit dem blutrot bemalten Mund und den hellen, grauen Augen blickt Haller bei ihrer ersten Begegnung im Schwarzen Adler aufmerksam und freundlich an und ‚macht ihm Platz' (S. 95). Hermine durchschaut Harrys Zustand sofort und nimmt sich seiner mütterlich-spöttisch an (sie duzt ihn auch sofort). Nun ändert sich Harrys Leben grundlegend.
Wie schon ihr Name andeutet, stellt Hermine ein **symbolisches Spiegelbild**, die weibliche Variante des Protagonisten dar (hinter dem sich zugleich der Autor Hermann Hesse versteckt). So fordert Hermine Haller beispielsweise auf, in ihrem Gesicht ein Knabengesicht zu erkennen, und tatsächlich „be-

gann das Gesicht zu (ihm) zu sprechen und erinnerte (ihn) an (…) (s)einen damaligen Freund, der hatte Hermann geheißen. Einen Augenblick schien sie ganz in diesen Hermann verwandelt." (S. 117) Hermine ist Hallers Schicksalsschwester, auch sie kann Leben, Menschen und sich selber nicht lieben und ernst nehmen, da sie ebenfalls **über den Normen und Konventionen der Gesellschaft steht** und eine Verbindung zum Ewigen fühlt. So einigen sich die beiden: „»Weißt du, daß wir Kinder des Teufels sind?« »Ja, das sind wir. Der Teufel ist der Geist, und seine unglücklichen Kinder sind wir. Wir sind aus der Natur herausgefallen und hängen im Leeren.«" (S. 136 f.) In der Sprache der analytischen Psychologie C. G. Jungs, mit der sich Hesse intensiv beschäftigt hat, repräsentiert Hermine Harrys Anima, also den bis dahin verdrängten weiblichen Aspekt seiner eigenen Seele.[26]

Harrys Anima und Schicksalsschwester

Dafür, dass sie Hallers Einsamkeit durchbrochen hat und ihm sein „sinnliches" Ich zur Seite stellt, verlangt sie jedoch, dass er **ihren Befehlen gehorcht**, und prägt ihm ihre Absicht ein: Sie will ihn am Ende in sich ‚verliebt' machen, und er muss sie töten, sobald der rechte Augenblick gekommen sei. Verlieben heißt, dass er die in Hermine symbolisierten Inhalte seiner Seele in sich überträgt und entwickelt.

Als eigenständige Figur wird Hermine kaum beschrieben, sie scheint wenig Eigenleben zu besitzen und taucht nur in Beziehung zu Harry Haller auf. Somit ist **ihre Funktion** deutlich, sie soll ihn auf das magische Theater vorbereiten. Im magischen Theater, in dem es keine äußere Realität, sondern nur noch Projektionen gibt, ersticht Harry Hermine. Er führt

---

26 C. G. Jung ging von einer prinzipiellen psychischen Zweigeschlechtlichkeit eines jeden Menschen aus, nur dass in der Regel nur eine Geschlechtsidentität „gelebt" wird, die andere dagegen im „Schatten" bleibt.

jedoch ihren Befehl falsch aus, denn er ersticht sie aus Eifersucht. Das Gefühl der Eifersucht beweist, dass Haller seine in Hermine gespiegelte Teilpersönlichkeit nicht völlig in sich integriert hat; genau dies hat Hermine jedoch mit ihrem Tod gemeint. So hat Harry mit Hermine sein sinnliches Ich getötet, und er kehrt am Ende in seine unvereinte Wolfsmensch-Existenz zurück. Am Schluss verzwergt Pablo Hermine zum **Spielfigürchen** und steckt sie in seine Westentasche, womit ihre fehlende Eigenständigkeit noch einmal deutlich wird.

Pablo

Saxofonspieler und Regisseur des magischen Theaters

Der Saxofonist und Genussmensch Pablo stellt neben Hermine die **zentrale Nebenfigur** des Romans dar, nämlich den **Regisseur des magischen Theaters**. Harry lernt ihn, der ihm zunächst wie ein schöner, aber etwas geistloser südländischer Verführer vorkommt, durch Hermine kennen: „Nein, er sprach nichts, der Señor Pablo, und er schien auch nicht eben viel zu denken, dieser hübsche Caballero." (S. 134) Pablo ist ein leidenschaftlicher Saxofonspieler in einer Jazzkapelle, und sonst „war er sichtlich zu nichts andrem in der Welt, als um schön zu sein, den Frauen zu gefallen, die Kragen und Schlipse neuester Mode zu tragen" (S. 134). Die einzigen Worte die Haller anfangs von Pablo hört, sind plötzliche Begeisterungsausbrüche, während er musiziert.
Im Gegensatz zu Hermine erkennt Harry in Pablo zunächst Fremdes und Unsympathisches. Somit stellt der Exot eine **Gegenfigur** zu Harry dar, auf dessen souverän-elegantes, lebemännisches Auftreten er, der komplexbehaftete, ältere Kopfmensch, anfangs nicht wenig eifersüchtig zu sein scheint.
Pablo, so Hermine, sei ein Meister im Mischen und Dosieren von „Mitteln zum Betäuben von Schmerzen, zum Schlafen, zur

Erzeugung schöner Träume, zum Lustigmachen, zum Verliebtmachen." (S. 142) Dieser Schatten[27] Harrys personifiziert die Dinge, mit denen Haller bislang stets Schwierigkeiten hatte, **Vergnügen, unbekümmerte Lebenslust und Humor**. Er behauptet von sich, nur ein Musiker zu sein, kein Gelehrter. Harry fühlt sich zwar zunächst durch den für seine Begriffe unmoralischen, schamlosen Musiker gestört: „(...) als ich sehr guter Laune geworden war, schlug (Pablo) uns leuchtenden Auges vor, eine Liebesorgie zu dreien zu feiern. Ich lehnte brüsk ab (...)" (S. 155). Sein Urteil über Pablo ändert sich jedoch beständig, nicht zuletzt deswegen, weil die beiden Frauen seines Lebens, Hermine und Maria, diesen sehr hoch schätzen. So vergleicht Hermine Pablo bei ihrem Gespräch mit Haller über das „Reich der Ewigen" mit einem **Heiligen**: „Du wirst lachen, aber ich denke mir oft, daß vielleicht auch mein Freund Pablo ein versteckter Heiliger sein könnte." (S. 164).

Harrys Schatten

Als sich Harry im Rausch des Maskenballs endlich von seinem Persönlichkeitswahn lösen kann, bezeichnet er sich als „Bruder Pablos" (S. 181). Jetzt, da er sich auf die Gegenfigur eingelassen hat, bemerkt er nicht nur Pablos plötzliches Sprechen, sondern auch seine eigene Seele in dem Gegenüber:

> *„War nicht vielleicht ich es, der ihn sprechen machte, der aus ihm sprach? Blickte nicht auch aus seinen schwarzen Augen nur meine eigene Seele mich an, der verlorne bange Vogel, ebenso wie aus den grauen Augen Hermines?"* (S. 184 f.)

Pablo entpuppt sich schließlich als **Regisseur des magischen Theaters**, das den Bildersaal von Harrys Seele darstellt, die unendliche Vielfalt der in seiner Psyche vorhandenen As-

27 „Schatten" ist ein Begriff aus der analytischen Psychologie C. G. Jungs und bezeichnet jene Aspekte der Persönlichkeit, die ins Unbewusste verdrängt wurden.

pekte. Nach dem Rausch der Nacht wendet sich Pablo an Harry: „Bruder Harry, ich lade Sie zu einer kleinen Unterhaltung ein. Eintritt nur für Verrückte, kostet den Verstand. Sind Sie bereit?" (S. 184) Da Harry diesen lang ersehnten Traum nun erfüllt sieht und bejaht, wird Pablo zum Herrscher über sein Unbewusstes und kann ihn im Theater in unendlich viele Teilpersönlichkeiten auflösen. Pablo **verwandelt sich** in viele Figuren seines Theaters und letztendlich auch in **Mozart**, dessen Stimme Haller schon seit längerem – auch im Traum – gehört hat. Der Komponist ist für Haller die Verkörperung des unendlichen Geistes. Dadurch, dass Pablo nun Mozart verkörpert, wird Harry sinnbildlich die Zusammengehörigkeit von Geist und Sinnlichkeit, für die Pablo steht, vorgeführt. Pablo, das personifizierte sinnliche Leben, hat den Gelehrten Haller also von Anfang an geleitet und am Ende aus seiner heimatlosen steppenwölfischen Verirrung zurückgebracht.

Maria

Maria ist wie Hermine eine **Gelegenheitsprostituierte**, die Harry sofort mit ihren „kurzgeschnittenen kräftigen Blondhaaren und den vollen, fraulichen Armen" (S. 132) entzückend findet. Es ist Hermine, die Harry auffordert, mit Maria zu tanzen (vgl. S. 132), womit Harrys und Marias Beziehung beginnt, für die Harry eigens ein Zimmer mietet (vgl. S. 152). Haller empfindet Maria als „ungewöhnlich liebesbegabt und liebesbedürftig" (S. 148) und ordnet sie den Prostituierten zu, die „einzig der Liebe wegen" lebten und neben den „offiziellen und zahlenden Freunden" noch andere Liebesbeziehungen führten und auch „in der Liebe mit beiden Geschlechtern" (S. 148) erfahren sind.

liebesbegabt und liebesbedürftig

Als zweite weibliche Nebenfigur neben Hermine hat Maria die Funktion, Haller den Weg zum unbekümmerten, schuldfreien

Erleben reiner **Sinnlichkeit** zu zeigen. Bis dahin war Haller aufgrund seiner Erziehung und Erfahrungen der Sinnlichkeit gegenüber eher feindlich eingestellt. Sexualität und den Rausch der Sinne hat er stets als etwas Schuldhaftes erfahren, das den Geistesmenschen vom Gebrauch des Verstandes wegführt:

> *„Maria lehrte mich (...) nicht nur holde neue Spiele und Beglückungen der Sinne, sondern auch neues Verständnis, neue Einsichten, neue Liebe. Die Welt der Tanz- und Vergnügungslokale, der Kinos und Hotelteehallen, die für mich, den Einsiedler und Ästheten, noch immer etwas Minderwertiges, Verbotenes und Entwürdigendes hatte, war für Maria, für Hermine und ihre Kameradinnen die Welt schlechthin, war weder gut noch böse (...)"* (S. 149).

Für Hallers Individuation und für seine Vorbereitung auf das magische Theater ist seine **Erfahrung der sinnstiftenden Sinnlichkeit** notwendig. Diese macht er in der Beziehung zu Maria, deren Sinnlichkeit er als ‚genial' und ‚entzückend kultiviert' beschreibt, was seine vorige dualistische Welt- und Sinnenerfahrung aufhebt.

Die Bürgerlichen

Die weiteren Figuren, denen Harry Haller begegnet, stammen aus dem bürgerlichen Milieu und dienen als **Kontrast zu Harry Haller** und den **Figuren der magischen Theatergesellschaft**: die Vermieterin Hallers, ihr bürgerlicher (also ordentlich und solide lebender) Neffe, der zugleich der fiktive Herausgeber der Aufzeichnungen ist, der junge militaristisch-nationalistisch gesinnte Professor (als Vertreter des national-konservativen deutschen Bürgertums) und seine Frau. Während die Vermieterin und ihr Neffe ein gewisses Verständnis und Gespür für den eigenartigen Einsiedler zeigen (vgl. S. 112), stehen der Professor und seine Frau für die geistlose und blinde Oberflächlichkeit angepasster Intellektueller, die Haller in seine Isolation getrieben hat (vgl. S. 84–92).

Die Figurenkonstellation – Nebenfiguren als Teilpersönlichkeiten der Hauptfigur

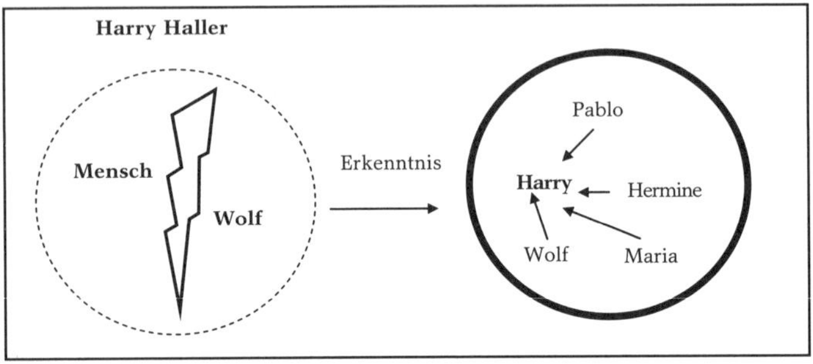

Im *Steppenwolf* sind die Figuren ebenso wie in anderen Hesse-Romanen wie *Demian* oder *Siddhartha* auch Sinnbilder, Teilpersönlichkeiten oder Aspekte der Hauptfigur.[28]

28 Vgl. Meinicke, S. 30–48.

2.5 Sachliche und sprachliche Erläuterungen

Vorwort des Herausgebers

ein Mann von annähernd fünfzig Jahren, S. 7: Auch Hesse war im Erscheinungsjahr des Romans 50 Jahre alt.

im Sinne mancher Aussprüche Nietzsches, S. 15: In *Jenseits von Gut und Böse* (1886) schreibt Nietzsche: „(...) dieser geistige schweigende Hochmut des Leidenden, dieser Stolz des Auserwählten der Erkenntnis, des ‚Eingeweihten', des beinahe Geopferten findet alle Formen von Verkleidung nötig, um sich vor der Berührung mit zudringlichen und mitleidlichen Händen und überhaupt vor allem, was nicht Seinesgleichen im Schmerz ist, zu schützen. Das tiefe Leiden macht vornehm; es trennt."[29]

von liebevollen, aber strengen und sehr frommen Eltern, S. 15: Diese Beschreibung entspricht Hesses Bild von seinen eigenen Eltern.

Aquarelle ... daß er selbst sie gemalt, S. 16: Hesse aquarellierte und zeichnete in jener Lebensphase, in der der Roman entstand, fast täglich.

„Nacht" von Michelangelo, S. 16: Skulptur einer schlafenden weiblichen Gestalt von Michelangelo Buonarroti (1475–1564).

Mahatma Gandhi, S. 16: Mohandas Karamtschand Gandhi (1869–1948), indischer Politiker, Vertreter der Gewaltlosigkeit und des gewaltfreien Widerstands.

„Sophiens Reise von Memel nach Sachsen", S. 17: Briefroman (1769) von Johann Timotheus Hermes (1738–1821).

Jean Paul, S. 17: Eigentl. Johann Paul Friedrich Richter (1763–1825), deutscher Romanautor zwischen Klassik und Romantik.

---

29 Friedrich Nietzsche: *Werke in drei Bänden, Bd. II.* Hrsg. von Karl Schlechta. Frankfurt am Main, Wien: Büchergilde Gutenberg, 1994, S. 744.

Novalis, S. 17: Eigentl. Friedrich von Hardenberg (1772–1801), Vertreter der Frühromantik.
Lessing, Jacobi und Lichtenberg, S. 17: Gotthold Ephraim Lessing (1729–1781), Friedrich Heinrich Jacobi (1743–1819) und Georg Christoph Lichtenberg (1742–1799).
Dostojewskibände, S. 17: Fjodor M. Dostojewskij (1821–1881), russischer Romanautor.
Abstinent, S. 17: Antialkoholiker.
Aurakarie, S. 19: Zimmertanne.
‚Man sollte stolz auf den Schmerz sein ...', S. 20: Die Novalis-Zitate entstammen dem *Allgemeinen Brouillon* des Romantikers.
Zugängerin, S. 21: Haushaltshilfe.
Händel, S. 22: Georg Friedrich Händel (1685–1759), Komponist.
Friedemann Bach, S. 22: Wilhelm Friedemann Bach (1710–1784), ältester Sohn Johann Sebastian Bachs.
Variationen von Reger, S. 22: Max Reger (1873–1916).
Im Zeichen des Wassermanns, S. 23: In der Astrologie gelten Menschen, die unter dem 11. Tierkreiszeichen geboren wurden, als visionär, neugierig, aufgeschlossen, schöpferisch, unabhängig und exzentrisch.
daß gerade er an Astrologie glaube, S. 23: Hesse war über Freunde wie den C. G-Jung-Schüler J. B. Lang (1883–1945) mit der Astrologie bekannt geworden.
Kanapee, S. 25: Sofa.
Gang durch die Hölle, S. 26: Vgl. S. 175 des Romans („Hermine ist in der Hölle.").

Harry Hallers Aufzeichnungen
Atemübungen ... Gedankenübungen, S. 31: Hesses Interesse an Meditationstechniken wird auch in seinen Romanen *Demian* und *Siddharta* deutlich.

dem Beispiel Adalbert Stifters zu folgen, S. 31: Von qualvollem Leiden geplagt, brachte sich der österreichische Autor Stifter (1805–1868) mit einem Rasiermesser am Hals einen Schnitt bei, an dessen Folgen er starb.
Brom, S. 32: Beruhigungsmittel.
Descartes, S. 36: René D. (1596–1650), französischer Philosoph.
Pascal, S. 36: Blaise P. (1623–1662), französischer Mathematiker und Philosoph.
Philister, S. 40: Klein-, Spießbürger.
Giottosche Engelscharen, S. 41: Bekanntes Werk des italienischen Malers Giotto di Bondone (1266–1337).
Hamlet und die bekränzte Ophelia, S. 41: Gestalten aus dem Trauerspiel *Hamlet* von William Shakespeare.
der Luftschiffer Gianozzo, S. 41: Titelgestalt aus Jean Pauls Erzählung *Des Luftschiffers Gianozzo Seebuch* (1801).
Attila Schmelzle, S. 41: Titelgestalt aus Jean Pauls Erzählung *Des Feldpredigers Schmelzle Reise nach Flätz* (1809).
der Borobudur, S. 41 f.: Buddhistisches Heiligtum in Mitteljava, eindrucksvolle Tempelanlage der indischen Kunst.
Gubbio, S. 42: Stadt in Mittelitalien (Umbrien).
Mozart, S. 42: Wolfgang Amadeus M. (1756–1791).
Negerhaftigkeit, S. 44: Die abwertende Kennzeichnung der in den 1920er Jahren aus den USA kommenden Massenkultur als „negerhaft" war zu Hesses Zeiten durchaus üblich.
von komplizierten Neurotikern, S. 44: Neurose, Sammelbegriff für eine Vielzahl psychischer Symptome und Störungen (Angst, Fehlverhalten usw.), leichtere Form der Depression.

Tractat vom Steppenwolf
Tractat, S. 49: Traktat: Abhandlung.
ein einziger Sünder ... als neunundneunzig Gerechte, S. 53: Anspielung auf Lukas 15, 7.

zwei Seelen, zwei Wesen in sich, S. 54 u. S. 69: Anspielung auf eine Sentenz aus Goethes *Faust I*, „Zwei Seelen wohnen, ach, in meiner Brust!" (V. 1112).
Urmutter, S. 55: In der Tiefenpsychologie C. G. Jungs steht die große Mutter als Archetyp für Natur, die Erde, Stoff, Ur-Schoß.
Schuldgefühl der Individuation, S. 58: In der Tiefenpsychologie C. G. Jungs ist es die Aufgabe jedes Menschen, im Laufe seiner individuellen Entwicklung unbewusste Seelenanteile anzunehmen und zu integrieren.
Schizophrenie, S. 67: In der Psychiatrie eine psychotische Geisteserkrankung, „Persönlichkeitsspaltung".
eingebildete Einheit des Ichs, S. 67: Dass das Ich nur scheinbar eine Einheit darstellt, war eine seit Sigmund Freud viel diskutierte Einsicht.
Okzident, S. 69: Abendland, westliche Kultur.
Der Mensch ist ... Brücke zwischen Natur und Geist, S. 70: Anspielung auf einen Ausspruch Nietzsches aus *Also sprach Zarathustra*: „Was groß ist am Menschen, das ist, dass er eine Brücke und kein Zweck ist: was geliebt werden kann am Menschen, das ist, dass er ein *Übergang* und ein *Untergang* ist."[30]
„Zurück zur Natur!", S. 72: Berühmte Losung des französischen Philosophen Jean-Jacques Rousseau (1712–1778).
Buddha, S. 72: Gotama Siddhartha, der Begründer des Buddhismus, lebte zwischen dem 6. und 4. Jh. v. Chr. Hesse war seit Kinderzeiten mit der Geisteswelt Asiens vertraut. Vgl. seine „indische Dichtung" *Siddharta* (1922).

[Fortsetzung der Aufzeichnungen Harry Hallers]
Ich Steppenwolf trabe und trabe, S. 75: Gedicht Hesses aus dem Winter 1925/26.

30 Ebd., S. 281.

meine geisteskrank gewordene Frau, S. 76: Hesses erste Frau Maria, geb. Bernouilli, erkrankte 1918 psychisch schwer und musste mehrfach in der Psychiatrie behandelt werden; die Ehe wurde 1923 geschieden.
Nietzsches Herbstlied, S. 77: Gemeint ist entweder Friedrich Nietzsches Gedicht *Der Herbst* („Dies ist der Herbst: der – bricht dir noch das Herz! Fliege fort! Fliege fort!") oder sein Gedicht *Vereinsamt* („Die Krähen schrein / und ziehen schwirren Flugs zur Stadt").
der edle Don Quichotte, S. 78: Held des Romans von Miguel de Cervantes Saavedra (1547–1616).
eine hübsche Menge davon geschluckt, S. 79: Auch dies ist autobiografisch: Im Spätsommer 1919 schluckte Hermann Hesse in einem Akt der Verzweiflung eine übergroße Dosis Opium, überlebte jedoch.[31]
Dante, S. 86: Der italienische Renaissancedichter Dante Alighieri (1265–1321).
Einstein, S. 88: Die Relativitätstheorie des Physikers Albert Einstein (1879–1955), mit der die Relativität von Raum und Zeit behauptet wurde, gehört zu den großen Denkerschütterungen der Jahre nach 1900.
Publizisten Haller, S. 89: Der Autor selbst ist gemeint: „Wenn es Dir gegangen wäre wie mir, daß Du von der gesamten Presse Deines Vaterlandes, anständiger Gesinnungen wegen, zehn Jahre lang beständig und immer wieder als Sauhund, als Drückeberger, als Vaterlandsverräter usw. gebrandmarkt worden wärest, (...)."[32]
Mithras und Krischna, S. 92: Mithras ist eine indo-iranische Lichtgottheit, die zur römischen Kaiserzeit verehrt wurde.

---

31 Vgl. Hesse Hermann: *„Die dunkle und wilde Seite der Seele". Briefwechsel mit seinem Psychoanalytiker Josef Bernhard Lang 1916–1944.* Hrsg. v. Thomas Feitknecht. Frankfurt am Main: Suhrkamp, 2006, S. 14.

32 Brief Hesses von Mitte März 1926. Zitiert nach: Michels (Hrsg.), *Materialien*, S. 69.

Krishna ist die achte irdische Erscheinungsform des Gottes Vishnu im Hinduismus.
Schwarzer Adler, S. 95: Gasthaus in Zürich.
Kamelie, S. 95: Anspielung auf den Roman *Die Kameliendame* von Alexandre Dumas d. J. (1824–1895).
Shimmy, S. 97: Vereinfachter Foxtrott mit schüttelnden Bewegungen der Schulter.
Onestep, S. 97: Beliebter Volkstanz nach 1900, auch „Schieber" genannt.
Matthisson, S. 103: Friedrich von Matthisson (1761–1831), Dichter.
Gedichte an Molly, S. 103: Gedichte von Gottfried August Bürger (1747–1794).
Vulpius, S. 104: Anspielung auf Christiane Vulpius (1765–1816), die Frau Goethes.
das Gedicht ein „Dämmrung senkte sich von oben", S. 104: So beginnt das achte Gedicht aus Goethes Gedichtzyklus *Chinesisch-Deutsche Jahres- und Tageszeiten* (1830).
Kleist und Beethoven, S. 105: Heinrich von Kleist (1777–1811), Ludwig van Beethoven (1770-1827).
um den Augenblick zu verewigen, S. 105: Vgl. Goethes *Faust I,* V. 1699–1702.
die Zauberflöte von Mozart, S. 106: Hesse liebte Mozarts Oper *Die Zauberflöte* (1791). Vgl. seinen Essay *Mozarts Opern* (1932).
Schubert, S. 107: Franz Schubert (1797–1828), österreichischer Komponist.
Odeon-Bar, S. 109: Das „Cafe Odeon" in Zürich, als Treffpunkt von Schriftstellern, Malern und Emigranten einst weltberühmt, wurde 1911 eröffnet.
Alter Franziskaner, S. 109: Gasthaus in Zürich.
Den heiligen Franz, S. 110: Franz von Assisi (1182–1226), italienischer Heiliger.

an das Urbild nicht hinreicht, S. 110: Anspielung auf die Philosophie Platons, wonach alle Realität nur aus mangelhaften Abbildern von idealen, ewigen Urbildern besteht.
Garibaldi, S. 111: Giuseppe Garibaldi (1807–1882), italienischer Freiheitsheld.
Radioapparat, S. 113: Die ersten Radiosendungen konnte man 1923 hören; die ersten Radioapparate waren noch eine Angelegenheit für Bastler.
Schuhnestel, S. 116: Schnürsenkel.
hermaphroditisch, S. 120: Zweigeschlechtlich (nach dem zum Zwitter gewordenen Sohn der griechischen Gottheiten Hermes und Aphrodite), Ausdruck einer verloren gegangenen Ganzheit.
Baudelaire, S. 123: Charles B. (1821–1867), französischer Dichter.
Hotel Balances, S. 130: Hotel in Zürich.
Kokotten, S. 132: Halbweltdamen.
Maskenball in den Globussälen, S. 133: Hesse nahm am 20. Februar 1926 am Kunsthaus-Maskenfest im Hotel Baur au Lac in Zürich teil.
Caballero, S. 134: Span. Herr.
Bourgeois, S. 140: Bürger.
der Yearning und der Valencia, S. 143: Modetänze der Zeit.
Buxtehude, Pachelbel, S. 145: Dietrich B. (1637–1707), Johann P. (1653–1706), Komponisten des Barock.
Hamsun, S. 149: Knut H. (1859–1952), norwegischer Autor.
mit Liszt, mit Wagner, S. 150: Franz L. (1811–1886), Richard W. (1813–1886), Komponisten.
Tschaikowsky, S. 153: Peter T. (1840–1893), russische Komponist.
Christoffer, S. 164: Christophorus, Heiliger, nach der Legende ein Riese, der das Christuskind durch einen Strom trug.

Philipp von Neri, S. 164: (1515–1595), katholischer Reformer.
unser einziger Führer ist das Heimweh, S. 164: Im *Allgemein Brouillon* schreibt Novalis: „Die Philosophie ist eigentlich Heimweh – *Trieb überall zu Hause zu sein.*"[33]
Die Unsterblichen, S. 166: Gedicht von Hesse, geschrieben in der Nacht vom 8. zum 9. Februar 1926.
mitten im Alten Testament, S. 171: Gemeint ist der amerikanische Monumentalfilm *Die zehn Gebote* (1923).
Walt Whitman, S. 172: (1819–1892), amerikanischer Dichter mit weißem Vollbart.
Lesbos, S. 178: Auf der griechischen Insel Lesbos soll die griechische Dichterin Sappho um 600 v. Chr. ihre Schülerinnen auch in der gleichgeschlechtlichen Liebe unterrichtet haben.
Unio mystica, S. 179: In der Mystik die Vereinigung der Seele mit Gott.
im blau erleuchteten runden Raum, S. 184: Blau ist traditionell die Farbe des Geistes.
Gluck, S. 189: Christoph Willibald G. (1714–1787), Opernkomponist.
Tat twam asi, S. 194: „Das bist Du"; Satz aus den *Upanishaden*, der besagt, dass der Mensch im Herzen des eigenen Ichs die Gottheit entdeckt.
Bolschewiken, S. 199: Mitglieder der kommunistischen Partei der Sowjetunion.
Mutabor, S. 201: [lat.] Ich werde verwandelt werden.
Kamasutra(m), S. 201: Altindisches Lehrbuch der Liebeskunst.
Untergang des Abendlandes, S. 202: Titel eines 1918 erschienenen kulturkritischen Werkes von Oswald Spengler (1880–1936).

---

33 Novalis: *Werke, Tagebücher und Briefe Friedrich von Hardenbergs. Bd. 2: Das philosophisch-theoretische Werk.* Hrsg. v. Hans-Joachim Mähl. Darmstadt: Wissenschaftliche Buchgesellschaft, 1999, S. 675. (Hervorhebung im Original.)

in des Prinzen Wunderhorn, S. 205: Anspielung auf die Volksliedersammlung von Achim von Arnim und Clemens Brentano, *Des Knaben Wunderhorn* (1806/1808) und auf den Psychiater Hans Prinzhorn (1886–1933), der das Buch zur *Bildnerei der Geisteskranken* (1922) veröffentlichte.
„O Freunde, nicht diese Töne!", S. 208: Titel eines Aufsatzes Hesses, der am 3. 11. 1914 in der *Neuen Zürcher Zeitung* erschienen war und Hesses pazifistische Einstellung zum Krieg deutlich gemacht hatte.
„Don Juan", S. 216: *Don Giovanni* (1787), Oper von Mozart.
Schubert, S. 217: Franz S. (1797–1828), Komponist.
Hugo Wolf, S. 217: (1860– 1903), österreichischer Komponist.
Chopin, S. 217: Frédéric C. (1833–1849), polnischer Komponist.
Brahms, S. 217: Johannes B. (1833–1897), deutscher Komponist.
Ritardando, S. 224: Langsam zu spielender Teil eines Musikstücks.

2.6 Stil und Sprache

Erzählperspektive → Stil

Stil und Sprache sind wie die Kompositionsstruktur des *Steppenwolf*-Romans von der **neurotischen Thematik** gekennzeichnet. In allen drei Teilen des Romans gehen Stil und Sprache mit der jeweiligen Erzählperspektive einher.
Der scharfe Widerstreit zwischen Hallers Menschen- und seiner Wolfsnatur, den der Protagonist zwecks Heilung auflösen muss, spiegelt sich gleich zu Beginn seiner *Aufzeichnungen* in der Tonart und im Sprachgebrauch wider. Beides steht in deutlichem Kontrast zur Einführung des fiktiven Herausgebers, die von einem berichtenden, sachlichen, nüchternen Ton geprägt ist.
Will der Erzähler Haller hier von den „erträglichen" Tagen und den „Höllentagen" seines Lebens, die er „herumgebracht", „sanft umgebracht" hat, erzählen, so kann der Leser diesen Gegensatz durch die syntaktischen Strukturen dieser Passage nachvollziehen (vgl. S. 31). Es handelt sich um **Reihungen von parallel gebauten Sätzen**, die – nur durch Semikola oder Kommata getrennt – endlos scheinen. **Wiederholungen** derselben Aussage bezeichnen den eintönigen Lebens- und Leidensprozess der Figur. Seinen schizophrenen Zustand (und den seiner Zeit bzw. der Gesellschaft) der Mensch-Wolf-Spaltung schildert der Erzähler direkt darauf auch in einer scheinbar ‚verrückten' Sprache, d. h., er **stellt den gewöhnlichen Satzbau um** und verwendet viele **Neologismen** (sprachliche Neubildungen, Wortschöpfungen). Die **langen Satzperioden** spiegeln die Einsamkeit des Steppenwolfes wider, der in seiner Gedankenwelt lebt, in der alle Eindrücke ineinander überfließen. **Rhetorische Elemente** sind z. B. dort zu finden, wo der Sinn seines Daseins erkannt werden soll, was wiederum die Appellfunktion des Textes unterstreicht. **Lyrische Elemente**

sind durch das Einfügen von Gedichten zu finden, wie beispielsweise das Selbstzeugnis *Ich Steppenwolf trabe und trabe* (S. 75) und *Die Unsterblichen* (S. 166 f.).
Im magischen Theater kann man die Sprache als **scharf, fantastisch und grotesk** beschreiben. Bei der „Hochjagd auf Automobile" tritt das „Chaos der Anarchie" auch in der **Mischung der Sprachstile** hervor:

> *„Schnell wie der Wind, das himmlische Kind, knatterten wir davon, in eine grüne Landschaft hinein, viele Meilen weit, durch eine große Ebene und dann langsam steigend in ein gewaltiges Gebirg hinein."* (S. 193)

Das Motiv des Spieles findet sich in der Sprache als **Sprachspiel** wieder. Die Sprachgestaltung vermittelt dem Leser die Dynamik der Bilderwelt.

Sprachliches Mittel	Textbeleg
Parallelismus (gleicher Satzaufbau mehrerer Sätze)	„Der Tag war vergangen (...); ich hatte (...), hatte (...); ich hatte (...), ich hatte (...), hatte (...)." (S. 31)
Wiederholung	„(..) maßvoll angenehme, durchaus erträgliche, leidliche, laue Tage (...) Tage ohne besondere Schmerzen, ohne besondere Sorgen, ohne eigentlichen Kummer, ohne Verzweiflung (...)" (S. 31).

Sprachliches Mittel	Textbeleg
Anakoluth	„(...) wer jene Höllentage geschmeckt hat, der ist mit solchen Normal- und Halbundhalbtagen gleich dem heutigen sehr zufrieden (...)" (S. 32) „(...) dankbar stimmt er die Saiten seiner verrosteten Leier (...) mit de(r) er seinen (...) Zufriedenheitshalbundhalbgott langweilt, und in (...) dieser zufriedenen Langeweile, (...) sehen die beiden, der öde nickende Halbundhalbgott und der leicht angegraute (...) Halbundhalbmensch, einander wie Zwillinge ähnlich." (S. 32)
Neologismus (Wortneuschöpfung)	„Normal- und Halbundhalbtagen" (S. 32), „Halbundhalbgott" (S. 32), „Halbundhalbmensch" (S. 32)
rhetorische Frage (Frage, deren Antwort bereits feststeht bzw. auf die keine Antwort erwartet wird)	„Wer trug ein Herz voll von (..) Geist und (...) Zauber durch eine andere, (...) entfremdete Zeit? Wer gedachte (...)? Es war der Steppenwolf. Und wer suchte über den Trümmern seines Lebens den zerflatternden Sinn, litt das scheinbar Unsinnige, lebte das scheinbar Verrückte, hoffte heimlich im letzten irren Chaos noch Gottesnähe zu finden?" (S. 42)

Sprachliches Mittel	Textbeleg
Sprachspiel (Lust an Binnenreimen, Wiederholungen usw.)	„Das ist ja zum Lachen, du Drachen, zum lauten Lachen, zum Verkrachen, zum In-die-Hose-Machen! (...) Geschnickelt, geschnackelt, spektakelt, schabernackelt, mit dem Schwanz gewackelt, nicht lang gefackelt." (S. 219)

2.7 Interpretationsansätze

2.7.1 *Der Steppenwolf* und *Faust*

In seinem Hesse-Kommentar weist G. W. Field im Anschluss an eine Interpretation von Egon Schwarz auf **Parallelen** zwischen dem *Steppenwolf*-Roman und Goethes *Faust* hin (vgl. dazu auch Kap. 5 dieser Erläuterung):

Ekel vor Intellektualität

> *„Zu Beginn der Handlung sind beide Helden Menschen, welche die Höhe des Lebens überschritten und sich die akademische und kulturelle Bildung ihrer Epoche angeeignet haben; in beiden erweckt diese intellektuelle Leistung nur Ekel und verführt dazu, an Selbstmord zu denken; beide werden von der Selbstzerstörung zurückgehalten durch ein überirdisches Wesen, mit dem sie einen Pakt schließen, um verbotene Dinge zu erlangen; beide werden zu Erfahrungen geführt, die ihnen bisher fremd waren: Auerbachs Keller entspricht den Wirtshäusern Harry Hallers; die Liebesbeziehung zwischen Haller und Maria erinnert uns an Faust und Gretchen, und der große Maskenball lässt uns an die erste Walpurgisnacht denken."*[34]

2.7.2 *Der Steppenwolf* – Krankheit und Heilung

In seinem 1941 entstandenen Nachwort zum *Steppenwolf* betont Hermann Hesse das Positive seiner Darstellung und weist darauf hin, dass bei einer Interpretation des Romans die **Heilung** Harry Hallers im Verlaufe der Handlung berücksichtigt werden müsste:

> *„Dichtungen können auf manche Arten verstanden und mißverstanden werden. (...) Aber auch unter den Lesern meines Alters*

34 Zitiert nach: Field, S. 102.

fand ich häufig solche, denen mein Buch zwar Eindruck machte, denen aber merkwürdigerweise nur die Hälfte seiner Inhalte sichtbar wurde. Diese Leser haben, so scheint mir, im Steppenwolf sich selber wiedergefunden, haben sich mit ihm identifiziert, seine Leiden und Träume mitgelitten und mitgeträumt, und haben darüber ganz übersehen, daß das Buch auch noch von anderem weiß und spricht als von Harry Haller und seinen Schwierigkeiten, daß über dem Steppenwolf und seinem problematischen Leben sich eine zweite, höhere, unvergängliche Welt erhebt, und daß der »Traktat« und alle jene Stellen des Buches, welche vom Geist, von der Kunst und von den »Unsterblichen« handeln, der Leidenswelt des Steppenwolfes eine positive, heitere, überpersönliche und überzeitliche Glaubenswelt gegenüberstellen, daß das Buch zwar von Leiden und Nöten berichtet, aber keineswegs das Buch eines Verzweifelten ist, sondern das eines Gläubigen. Ich kann und mag natürlich den Lesern nicht vorschreiben, wie sie meine Erzählung zu verstehen haben. (...) Aber es wäre mir doch lieb, wenn viele von ihnen merken würden, daß die Geschichte des Steppenwolfes zwar eine Krankheit und Krisis darstellt, aber nicht eine, die zum Tode führt, nicht einen Untergang, sondern das Gegenteil: eine Heilung."[35]

positive zweite Welt

2.7.3 Die Funktion des Humors im *Steppenwolf* vor dem Hintergrund der „Amerikanisierung" des Kulturbetriebs

In dem folgenden Auszug aus seinem Aufsatz über *Hohe Kultur und fremde Körper in Hermann Hesses ‚Der Steppenwolf'* untersucht **Christof Hamann** die Bedeutung des Humors im Roman vor dem Hintergrund seiner Entstehungszeit in den **1920er Jahren**. Hamann stellt heraus, dass Hesse insbeson-

35 Hesse, Hermann: *Nachwort zum »Steppenwolf«*. In: Michels (Hrsg.), *Materialien*, S. 159 f.

dere mit dem *Steppenwolf* Teil einer **kulturkritischen Bewegung** war, die den in der Weimarer Republik durch amerikanischen Einfluss beschleunigten Modernisierungsprozessen entgegentrat.

> *„Das Lachen, der Humor, der hier gelernt werden soll, hat einen reinigenden, entmischenden Effekt: Es trennt den Geist vom Klimbim, (…) es bringt das Oben und das Unten, die Wenigen und die Masse, die hohe und die amerikanische Kultur nicht zu einem gleichwertigen Ausgleich, sondern sorgt dafür, dass man ‚hinter' dem Verdorbenen, Verschleimten und Verkratzten weiterhin den Geist zu sehen und zu verehren vermag. (…)*
> *Hier (…) handelt es sich um ein Lachen, das die Trennung von Körper und Geist besiegeln und zugleich das Leben, wie es nun einmal ist, für den Geistesmenschen erträglich machen soll. / Die Fremdheit des geistvollen Menschen, des ‚wahren' Intellektuellen und vor allem des ‚wahren' Künstlers, ist Hesse zufolge in den 1920er Jahren eine von außen, durch den ‚Amerikanismus' produzierte Fremdheit, die nicht mehr rückgängig zu machen ist; sie kann jedoch durch einen angemessenen Umgang mit dem ‚Eindringling' erträglich gemacht werden. Hesses Rezept heißt: Der ‚wahre' Künstler soll einen Galgenhumor lernen, der weder das Fremde anerkennt, noch die Grenzen zwischen sich und dem Fremden aufzuheben versucht, der stattdessen die Distanz zum Fremden vergrößern hilft mit dem Ziel, als ‚geistvoller Außenseiter' in einer ‚geistlosen Zeit' dennoch bestehen zu können. Im* Steppenwolf *wird dieses Rezept vorgeführt, und auch, wenn Harry Haller am Ende scheitert, vorprogrammiert ist letztendlich die ‚Heilung' des Helden (…). / Die Krankheit und die unvollendete Heilung sind auf der Figurenebene nachvollziehbar, sie sind weiterhin, überträgt man sie auf die Situation von Her-*

Umgang mit dem „Eindringling" US-Kultur

mann Hesse in den 1920er Jahren oder allgemein auf die Lage vieler Autoren in der Weimarer Republik, durchaus verständlich. Denn es handelte sich auch bei Intellektuellen und Künstlern aufgrund des beschleunigten Modernisierungsprozesses – insbesondere aufgrund der technischen Neuerungen und der neuen Medien (Radio, Film) sowie der dadurch entstehenden Möglichkeit, Kunst massenhaft herzustellen und zu verbreiten – um eine enorme Umbruchszeit, in der sich die Produktions- und Rezeptionsbedingungen ebenso wie das Selbstverständnis des Künstlers von Grund auf änderten. / Hesse reagiert auf diese neuen Bedingungen mit Abwehr: Er befindet sich mit seinem Rezeptvorschlag ganz im Gefilde gängiger Reaktionsweisen auf den amerikanischen Eindringling, eine Reaktionsweise, die sich mittels ‚klarer' Oppositionen von Wenige vs. Masse, Oben vs. Unten, Außen vs. Innen vom Leib zu halten versucht. Insofern kann hier mitnichten von einer besonderen Außenseiterposition gesprochen werden: Hesse ist Teil einer breiten kulturkritischen Bewegung, die antrat, das ‚hohe geistige Erbe' Europas zu verteidigen und dabei Maßnahmen ergriff, die auf Reinhaltung, auf Homogenität des Eigenen aus waren: Was fremd ist, soll fremd bleiben, so lautet eine wichtige Maxime in Hermann Hesses Steppenwolf.*"*[36]

2.7.4 Die Komplexität subjektiver Identität in der modernen Gesellschaft

Rudolf Probsts Interpretation des Romans stellt die Besonderheit des *Steppenwolf*-Romans als Kunstwerk Hesses heraus, und zwar unter Berücksichtigung der im Bezug zu ihm stehenden Schriften Hesses sowie der formalen **Mittel der Perspektivenbrechung**. Die besondere Vielschichtigkeit dieses Werkes vermittelt **Einblicke in die Komplexität der subjektiven Identität** in der modernen Gesellschaft des beginnenden 20. Jahrhunderts:

36 Hamann, S. 48–51.

Geschichte einer Midlife-Crisis

„Als Geschichte der Midlife-Crisis *seines Protagonisten Harry Haller geht Hesses einziger Großstadtroman weit über die reine Darstellung dieser Krise hinaus, indem er versucht, mit bis zu diesem Zeitpunkt wenig gekannten formalen Mitteln der Perspektivenbrechung diese Krise aus der historischen, psychologischen und philosophischen Situation des Helden zu erklären. In der Entwicklung der verschiedenen Steppenwolfschriften von den frühen Fragmenten über die* Krisis-*Gedichte und die verschiedenen Manuskript- und Typoskriptfassungen bis hin zum publizierten Roman haben wir ein Gesamtkunstwerk vor uns, in welchem sämtliche Teile wechselseitig aufeinander bezogen sind: Die Gedichte haben ihre Entsprechungen in der Geschichte Hallers im Roman, die Gedanken im Traktat sind bezogen auf die Überlegungen des fiktiven Herausgebers im Vorwort wie auch auf Hallers Aufzeichnungen, die sich ihrerseits wieder in den Stationen des Magischen Theaters spiegeln. Insgesamt vermittelt der* Steppenwolf *philosophisch reflektierte und psychologisch fundierte Einblicke in die Komplexität subjektiver Identität in der modernen Gesellschaft des beginnenden 20. Jahrhunderts, der Krise dieser Identität und dem Versuch ihrer Überwindung durch den Humor in der Selbstironie der Unsterblichen.“*[37]

37 Probst, S. 42.

3. Themen und Aufgaben

Die Lösungstipps beziehen sich auf die Kapitel der vorliegenden Erläuterung.

1) Thema: Romaneinstieg	**Lösungshilfe**
▶ Lesen Sie gründlich das Vorwort des fiktiven Herausgebers, und bearbeiten Sie in Stichworten folgende Aufgabenstellungen:	
1. Beschreiben Sie die Umstände der Begegnung zwischen Haller und dem Herausgeber.	siehe 2.2, 2.3
2. Aus welcher Perspektive wird Haller dem Rezipienten vorgestellt? Charakterisieren Sie den Herausgeber, und führen Sie Textbelege an.	siehe 2.3, 2.4
3. Wie wird Haller charakterisiert? Worauf wird seine innere Zerrissenheit zurückgeführt? Führen Sie Textbelege an.	siehe 2.4

2) Thema: Selbstverwirklichung/Ich-Findung	**Lösungshilfe**
▶ Erläutern Sie die Wolf-Mensch-Problematik vor dem Hintergrund der Zeitgeschichte, und nehmen Sie Stellung dazu.	siehe 1.2, 2.7.3
▶ Analysieren Sie die Entwicklung Harry Hallers bis zum Eintritt in das magische Theater im Kontext der Romankomposition.	siehe 1.2, 2.1

- Untersuchen Sie die Bedeutung der Pablo-Figur für die Entwicklung des Protagonisten. Gehen Sie dabei auch auf die anderen Nebenfiguren ein. siehe 2.3, 2.4
- Ordnen Sie den Roman *Der Steppenwolf* in den Kontext der literarischen Produktion seines Verfassers ein, und erörtern Sie in diesem Zusammenhang Verfassung und Intention Hermann Hesses. siehe 2.1, 5.
- Erörtern Sie Art und Funktion der Erzählstruktur des Romans. siehe 2.3
- Untersuchen Sie Hallers Erlebnisse im magischen Theater auf ihre Bedeutung für seine seelische Entwicklung hin. siehe 2.3, 2.4
- Welche sprachlichen und stilistischen Besonderheiten kennzeichnen den Roman, und in welcher Funktion stehen diese? siehe 2.6
- Nutzen Sie die vorliegenden Interpretationsansätze, um ihre Auseinandersetzung mit dem Roman zu intensivieren siehe 2.7
- Wie beurteilen Sie die Ermordung Hermines durch Harry Haller im magischen Theater? Ist sie ein Fort- oder ein Rückschritt auf seinem Weg zu einer Heilung seiner „Schizophrenie"? siehe 2.4

3) Thema: „Die Unsterblichen und der Humor" – Analyse eines Textauszugs im Kontext des Romans — **Lösungshilfe**

- Analysieren Sie den vorliegenden Auszug aus dem *Tractat vom Steppenwolf* im Kontext der Romanhandlung. Gehen Sie hierbei insbesondere auf die Funktion des Humors ein. Textauszug: S. 63 „Prüfen wir (...)" bis S. 65 Ende des dritten Absatzes „(...) in den zu blicken er sich so tödlich fürchtet". — siehe 2.2, 2.3
- Analysieren Sie den vorliegenden Textauszug im Kontext der Romanhandlung. Textauszug: S. 157 „In jener kurzen Zeit ..." bis S. 167 Ende des eingefügten Gedichtes *Die Unsterblichen*. — siehe 2.2, 2.3, 2.4

Hilfestellungen, Leitfragen zur Analyse:

- Was für eine Textstelle liegt vor?
- Wovon handelt der Textauszug?
- Was ist das Besondere dieser Textstelle hinsichtlich der Entwicklung des Protagonisten und der Konstellation Haller-Hermine?
- Welche Bedeutung kommt der Textstelle im Gesamtkontext der Romanstruktur zu? (Was geht voraus? Was folgt? Welche Bezüge zum Handlungsverlauf, Rück- oder Vorgriffe, liegen vor?)

- Wie lässt sich die Erzählstruktur charakterisieren? Welche Funktion hat der Wechsel der Darstellungsweise? Worauf verweist das Gedicht?
- Gibt es Leitmotive, die auf Hesses Aussageabsicht (z. B. Gesellschafts-/Zeitkritik, Appell zur Beachtung der Vielfältigkeit des Menschen, Aktualitätsgehalt der Steppenwolffigur) verweisen?

4) Thema: Reflexion des Romans *Der Steppenwolf* — **Lösungshilfe**

- Überlegen Sie, welchen alternativen Weg der Steppenwolf Harry Haller statt ins magische Theater hätte gehen können und wohin ihn dieser geführt hätte. — siehe 2.2, 2.3, 2.4
- Warum fühlen sich so genannte „Andersdenkende" von Hesses Roman besonders angesprochen? Nehmen Sie Stellung unter konkreter Bezugnahme auf den Roman (mind. 300 Wörter).
- Nutzen Sie zusätzliche Lektüre und das Internet, um Hintergrundinformationen zu den im Roman angerissenen historischen Ereignissen zu bekommen.
- Verfassen Sie eine Rezension zu Hesses Roman unter konkreter Bezugnahme auf den Text und seine Aussage- bzw. Wirkungsabsicht (mind. 300 Wörter).

4. Rezeptionsgeschichte

Die zeitgenössische deutsche Literaturkritik reagierte auf den *Steppenwolf* mit Staunen, Skepsis und Widerstand, doch die nationale und internationale Jugend antwortete mit Begeisterung. Erklärbar ist dieses Phänomen durch die Thematik, die beinahe in allen Werken Hesses im Vordergrund steht: Kulturkritik, die nicht außen und anonym bei der Gesellschaft ansetzt, sondern **jeden Einzelnen zur Identifikation und Veränderung herausfordert**. Auch wenn es sich bei dem Protagonisten des Romans im Gegensatz zu anderen Werken Hesses (bis auf *Das Glasperlenspiel*) um einen bereits älteren Helden handelt, so kommt es bei ihm im Lauf des Romans doch zu einem Verjüngungsprozess, dessen wichtigstes Thema die Rebellion gegen die etablierte Gesellschaft, gegen die Ansprüche von Staat, Wirtschaft, Militär, Kirche und der herrschenden Moral ist.[38] Gesellschaftliche Umwälzungen und Globalisierungs- und Modernisierungsprozesse hinterlassen ihre Spuren in den jeweiligen Generationen. Hesse findet einen Weg, um diese Strömungen literarisch zu symbolisieren, indem er in seinen Werken Gedanken Friedrich Nietzsches, C. G. Jungs und Sigmund Freuds ästhetisch verarbeitet, die Millionen von Lesern ansprechen.

Rebellion gegen die etablierte Gesellschaft

Der Roman erschien zu Hermann Hesses 50. Geburtstag 1927 und stieß auf **positive und negative Kritik** innerhalb seiner Leserschaft. Auf der einen Seite herrschten **Anerkennung und Bewunderung** des Romans als revolutionäres Wagnis, wie es folgende Stimmen aus der Zeit der Erstpublikation zum Ausdruck bringen:

38 Vgl. Egon Schwarz, Egon: *Hermann Hesse und die Zukunft*. In: Text und Kritik, Heft 10/11, S. 16–26.

Stimmen von Rezensenten

„Ich lese den Steppenwolf, dies unbarmherzigste und seelenzerwühlendste aller Bekenntnisbücher, düsterer und wilder als Rousseaus Confessions, *die grausamste Geburtstagsfeier, die je ein Dichter sich selbst zelebrierte: aus Selbstbesinnung, Selbstvernichtung schaffend: ein Dokument vom Untergang des alten Menschen, der alten Zeit (…)"*[39] (Kurt Pinthus, 1927)

„Hier ist der längst notwendige Ausschnitt durch eine entseelte, seelenfeindliche Epoche, ein Querschnitt, der allen Menschen, die noch ein Herz haben, mitten durch den Lebensnerv gehen muss. Wer die Wahrheit dieses Buches nicht so erlebt, dass sie auf sein Leben zur Wandlung einwirkt, kann gewiss sein, selbst zu den entseelten, mechanistisch-amerikanisierten Menschen zu zählen, nichts Edel-Menschliches sein Eigen zu nennen."[40] (Hanns Martin Elster, 1927)

„giftige, gefährliche Wirrnis"

Auf der anderen Seite reagierten **national-konservative, aber auch christliche Kreise empört** über die „giftige, gefährliche Wirrnis" von Hesses Roman, der im *Literarischen Ratgeber für die Katholiken Deutschlands* als „giftig in seiner ungezügelten Sinnlichkeit, gefährlich in seiner radikalen und ätzenden Verneinung aller Lebenswerte, eine Wirrnis abstruser, schillernder und paradoxer Ideen" [41] verworfen wurde.
Trotz oder gerade wegen solch barscher Ablehnung durch kirchlich-konservative Kreise sprach das Werk auch in den **Folgejahrzehnten** viele Leser an. Darunter auch bekannte Schriftstellerkollegen Hesses, die in dem Roman **Identifikationsmöglichkeiten** sahen.

39 Zitiert nach: Voit, S. 94 f.
40 Zitiert nach: Ebd., S. 95 f.
41 Zitiert nach: Limberg, *Hermann Hesse*, S. 109.

„Ist es nötig zu sagen, dass der Steppenwolf *ein Romanwerk ist, das an experimenteller Gewagtheit dem* Ulysses *[von James Joyce; MFH], den* Faux monayeurs *[den* Falschmünzern *von André Gide; MFH] nicht nachsteht? (...) Der Steppenwolf hat mich seit langem zum ersten Mal wieder gelehrt, was Lesen heißt."*[42] (Thomas Mann, 1928 u. 1948)

„Das Lesen von Hallers Werken war wie ein Wühlen in meinem eigenen Schmerz. Hier war meine Situation gezeichnet, die Situation des Bürgers, der zum Revolutionär werden möchte und den die Gewichte alter Normen lähmen."[43] (Peter Weiss, *Abschied von den Eltern,* 1961)

In den sechziger und siebziger Jahren entdeckte die Jugendbewegung auf ihrer Suche nach Bewusstseinserweiterung und alternativen Lebensentwürfen Hesse neu. Ein prominenter Leser Hesses war der **Drogenguru Timothy Leary** (1920–1996). Seiner jugendlichen Gemeinde empfahl er, vor einer LSD-Sitzung Werke wie Hesses *Siddhartha* zu lesen; den *Steppenwolf* pries er als unersetzliches Handbuch für Drogenräusche.[44] Übersehen wird bei dieser Lesart des Romans allerdings, dass für Hesse die Aufgabe junger Menschen gerade darin besteht, erst einmal eine Persönlichkeit zu werden, anstatt diese unter Drogeneinfluss vorzeitig aufzugeben und vor den Anforderungen der Wirklichkeit zu fliehen, wie er im Januar 1933 in einem Brief schrieb:

Handbuch für LSD-Sitzungen?

„Es war Ihre Frage, ob ich im Steppenwolf *es mit irgendetwas ernst meine, oder einfach ein angenehmes Einduseln in Opiumräusche vorschlage. (...) Denn Aufgabe, Sehnsucht und Pflicht der Jugend ist das Werden, Aufgabe des reifen Menschen ist das*

42 Zitiert nach: Unseld, S. 139.
43 Zitiert nach: Michels (Hrsg.), *Materialien*, S. 325.
44 Vgl. Voit, S. 112.

Sichweggeben oder, wie die deutschen Mystiker es einst nannten, was ‚Entwerden'. Man muß erst ein voller Mensch, eine wirkliche Persönlichkeit geworden sein und die Leiden dieser Individuation erlitten haben, ehe man das Opfer dieser Persönlichkeit bringen kann."[45]

In den frühen 1970er Jahren wurde der *Steppenwolf* gerade unter amerikanischen Lesern zum **Kultbuch**[46], zwischen 1969 und 1976 wurden allein in den USA 1,6 Millionen Exemplare verkauft.[47] Eine amerikanische Rockband gab sich sogar den Namen *Steppenwolf*, ihr bekanntester Hit hieß *Born to be wild* (1968). 1974 wurde Hesses Roman **verfilmt;** die Regie führte Fred Haines, und in der Hauptrolle war der schwedische Schauspieler Max von Sydow zu sehen.
Die Gesamtauflage aller deutschsprachigen Ausgaben des *Steppenwolf* beträgt bis heute weit über eine Million Exemplare. Der *Steppenwolf* ist bisher in etwa 60 Sprachen übersetzt worden, in einige sogar mehrmals. An der Popularität des Romans hat sich bis heute nichts geändert: Seine Wirkung und seine immer wieder ansprechende Aktualität sicherten Hermann Hesse und seinem Roman 2004 in der ZDF-Aktion *Unsere Besten – das große Lesen* einen Platz unter den 50 beliebtesten Büchern der Deutschen[48]; im Frühjahr 2005 präsentierte das Wiener Burgtheater eine dramatisierte Form[49]. Dass die Begeisterung nicht jeder teilen mag, zeigt eine aktuelle Besprechung von Julia Encke. Im Rahmen einer *FAZ*-Serie, in der berühmte Bestseller der Literaturgeschichte noch nachträglich verrissen wurden, schrieb sie 2009:

---

45 Zitiert nach: Michels (Hrsg.), *Materialien*, S. 148 ff.
46 Vgl. Limberg, *Hermann Hesse*, S. 110.
47 Vgl. Voit, S. 116.
48 Vgl. Limberg (Hrsg.), *Dem Chaos die Stirn bieten*, Vorwort, S. 7. Das Ergebnis stammt aus der 2004 vom ZDF ausgerufenen Aktion „Unsere Besten – Das große Lesen".
49 Ebd.

„Ein peinliches Künstlerdrama, sonst nichts! (…) Dass Hesse – vom oberlehrerhaften Tonfall seines Erzählers sowie der insgesamt entsetzlich didaktischen Note des ganzen Selbsterfahrungstrips einmal abgesehen – nebenbei auch noch meint, dem Leser eine Lektion in Sachen Psychologie erteilen zu müssen, macht es nicht besser (…) So wohnt man einer nicht enden wollenden Therapiesitzung bei, die als Fallgeschichte interessant sein mag, aber nicht als Erzählkunst, und ist der Verzweiflung schon sehr nahe, als im sogenannten Tractat vom Steppenwolf, *einer Broschüre, die Harry Haller wie von Geisterhand zugesteckt wird, mit allem nur erdenklichen Pathos ausgerechnet der ‚versöhnliche Ausweg in den Humor' angepriesen wird: (…) Wenn Hesse irgendetwas nicht hatte, dann Humor. (…) Hermann Hesses* Steppenwolf *gehört zu den sicher humorlosesten Büchern der Literaturgeschichte."*[50]

humorlosestes Werk der Literaturgeschichte?

50 Frankfurter Allgemeine Zeitung, 7. 3. 2009.

5. Materialien

5.1 Der *Steppenwolf* als Symptom einer kranken Zeit

Der folgende Briefausschnitt Hesses aus den 1930er Jahren verdeutlicht die Intention seines Bekenntnisromans und kann als Impuls für die Reflexion der eigenen Lektüreerfahrung im Unterricht genutzt werden:

„Der Inhalt und das Ziel des Steppenwolf *sind nicht Zeitkritik und persönliche Nervositäten, sondern Mozart und die Unsterblichen. (…) / Aufgabe des Steppenwolf war: Unter Wahrung einiger für mich ‚ewiger' Glaubenssätze die Ungeistigkeit unserer Zeittendenzen und ihre zerstörende Wirkung auch auf den höherstehenden Geist und Charakter zu zeigen. Ich verzichtete auf Maskeraden und gab mich selbst preis, um den Schauplatz des Buches wirklich ganz und schonungslos echt geben zu können, die Seele eines weit über Durchschnitt Begabten und Gebildeten, der an der Zeit schwer leidet, der aber an überzeitliche Werte glaubt. Der deutsche Leser hat sich über das Leiden Harrys amüsiert und ihm auf die Schulter geklopft, das war der ganze Erfolg der Anstrengung."*[51]

5.2 Vergleich mit dem Zwei-Seelen-Motiv in Goethes *Faust*

Besonders sinnvoll bei einer unterrichtlichen Analyse des *Steppenwolfs* ist die Untersuchung des Zwei-Seelen-Motivs, das literaturgeschichtlich von besonderer Bedeutung ist und viele Verknüpfungs- und Vergleichmög-

51 Brief 1931 oder 1932, an P. A. Riebe. In: Michels (Hrsg.), *Materialien*, S. 147 f.

lichkeiten zu bekannten Autoren und Themenfeldern verschiedener Epochen und Gattungen ermöglicht. So kann beispielsweise – ausgehend von einer zentralen Textstelle im *Tractat vom Steppenwolf* (S. 73 f.) – die Bedeutung und Verarbeitung des Zwei-Seelen-Motivs in dem Roman erarbeitet und schließlich auf der Folie von Goethes *Faust* in seiner Abwandlung bei Hesse erfasst werden.

„*WAGNER. Ich hatte selbst oft grillenhafte Stunden,*
Doch solchen Trieb hab' ich noch nie empfunden.
Man sieht sich leicht an Wald und Feldern satt;
Des Vogels Fittich werd' ich nie beneiden.
Wie anders tragen uns die Geistesfreuden
Von Buch zu Buch, von Blatt zu Blatt!
Da werden Winternächte hold und schön,
Ein selig Leben wärmet alle Glieder,
Und ach! entrollst du gar ein würdig Pergament,
So steigt der ganze Himmel zu dir nieder.
FAUST. Du bist dir nur des einen Triebs bewusst;
O lerne nie den andern kennen!
Zwei Seelen wohnen, ach! in meiner Brust,
Die eine will sich von der andern trennen;
Die eine hält, in derber Liebeslust,
Sich an die Welt mit klammernden Organen;
Die andre hebt gewaltsam sich vom Dunst
Zu den Gefilden hoher Ahnen." (V. 1100–1117)[52]

Die „Zwei-Seelen" werden im *Steppenwolf* zum „Paradiesgarten" (S. 73) aus „tausend Blumen (s)einer Seele" (S. 74), womit Hermann Hesse vor dem Hintergrund sei-

52 Johann Wolfgang von Goethe: *Dramatische Dichtungen I (Werke, Hamburger Ausgabe, Bd. 3).* Textkritisch durchges. u. komm. v. Erich Trunz. München: DTV, 1988, S. 40 f.

nes Individuationsgedankens und seiner Vorstellung von der Menschwerdung, wie sie am Beispiel Harry Hallers dargestellt wird, das bekannte literarische Motiv dichterisch weiterentwickelt:

„*Wer etwa den Faust auf diese Weise betrachtet, für den wird aus Faust, Mephisto, Wagner und allen anderen eine Einheit, eine Überperson, und erst in dieser höhern Einheit, nicht in den Einzelfiguren, ist etwas vom wahren Wesen der Seele angedeutet. Wenn Faust den unter den Schullehrern berühmten (..) Spruch sagt: »Zwei Seelen wohnen, ach, in meiner Brust!« Dann vergißt er den Mephisto und eine ganze Menge andrer Seelen, die er ebenfalls in seiner Brust hat. (…) der Mensch ist (…) ein aus vielen Fäden bestehendes Gewebe.*" (S. 68 f.)

„*Der Steppenwolf Harry, so scheint es uns, wäre Genie genug, um das Wagnis der Menschwerdung zu versuchen, statt sich bei jeder Schwierigkeit wehleidig auf seinen dummen Steppenwolf hinauszureden. / Daß Menschen von solchen Möglichkeiten sich mit Steppenwölfen und »zwei Seelen, ach!« behelfen, ist ebenso verwunderlich und betrübend, wie daß sie so oft jene feige Liebe zum Bürgerlichen haben. (…) Er nennt alles Wilde in sich Wolf und empfindet es als böse, als gefährlich, als Bürgerschreck – aber er, der doch ein Künstler zu sein und zarte Sinne zu haben glaubt, vermag nicht zu sehen, daß außer dem Wolf, hinter dem Wolf, noch viel andres in ihm lebt, daß nicht alles Wolf ist, was beißt, daß da auch noch Fuchs, Drache, Tiger, Affe und Paradiesvogel wohnen. Und daß diese ganze Welt, dieser ganze Paradiesgarten (…) erdrückt und gefangengehalten wird von dem Wolfmärchen, ebenso wie der wahre Mensch in ihm vom Scheinmenschen, vom Bürger, erdrückt und gefangengehalten wird.*" (S. 73 f.)

5.3 Handlungs- und Strukturübersicht als Gruppenarbeit

Romananalyse: *Der Steppenwolf* – Inhalt, Gang der Handlung & äußerer Aufbau

Aufgabe (Gruppenarbeit): Notiere zu den abgebildeten Einzelelementen des Romans stichwortartig die zentralen inhaltlichen Aspekte und vervollständige das Tafelbild. Gr. 1 = Vorwort; Gr. 2 = Aufzeichnungen (1); Gr. 3 = *Tractat*; Gr. 4 = Aufzeichnungen (2); Gr. 5 = magisches Theater.

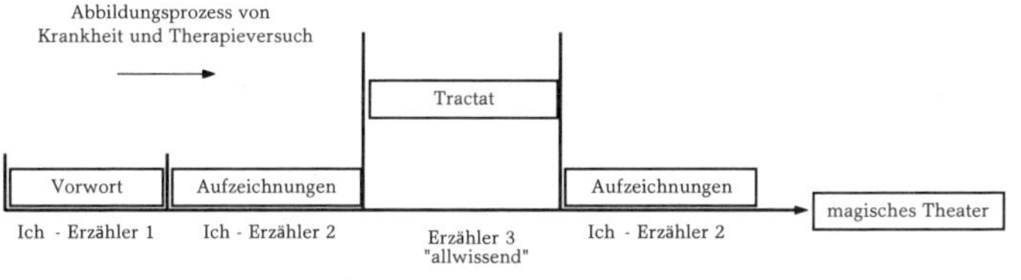

5.4 Klausurvorschlag

Text: Romanauszug aus Hermann Hesses *Der Steppenwolf*
S. 187–190: „»Das ist unser Theater«, erklärte Pablo (...) einen blitzhaften Moment erblickte und erkannte."
S. 229 f.: „Oh, ich begriff alles (...) Mozart wartete auf mich."

Erwartungshorizont
Im Rahmen der Analyse des Romanauszugs sollen die relevanten inhaltlichen und strukturellen Aspekte der Textgrundlage korrekt erfasst und auf ihre Bedeutung im Gesamtkontext des Romans hin untersucht werden. Zu leisten sind

- eine inhaltliche und formale Kontextuierung des Auszugs,
- die Erläuterung der Figurenkonzeption Pablos und der Funktion Hermines im magischen Theater,
- die Analyse und Interpretation der surrealen/fantastischen Elemente, der zentralen Leitmotive, der Symbolik der „Brille" und des ‚erlöschenden Spiegelbildchens',
- die Erläuterung der Krankheit Hallers,
- die Darstellung der Funktion des erzählerischen Rückgriffs auf den Selbstmordversuch,
- die Reflexion des Textauszugs vor dem Hintergrund des Romanausgangs und der Gesamtintention Hesses.

Die Funktion des jeweiligen Aspekts für den Gesamtzusammenhang und die Aussageabsicht des literarischen Textes sollen deutlich und das Analysevokabular sinnvoll verwendet werden.

Literatur

Primärliteratur

Hesse, Hermann: *Der Steppenwolf.* Frankfurt am Main: Suhrkamp, 2007 (Suhrkamp Taschenbuch, 3855).
(Nach dieser Ausgabe wird zitiert.)
Hesse, Hermann: *Gesammelte Werke in zwölf Bänden.* Frankfurt am Main: Suhrkamp, 1987 (suhrkamp taschenbuch, 1600. *Der Steppenwolf* in Bd. 7).

Sekundärliteratur

Zu Hermann Hesse

Ball, Hugo: *Hermann Hesse. Sein Leben und sein Werk.* Frankfurt am Main: Suhrkamp, 1977 (suhrkamp taschenbuch, 385).
Bran, Friedrich und Pfeifer, Martin (Hrsg.): *Begegnungen mit Hermann Hesse. 3. Internationales Hermann-Hesse-Kolloquium in Calw 1984.* Bad Liebenzell: Bernhard Gengenbach, 1984.
Drewermann, Eugen: *Das Individuelle gegen das Normierte verteidigen. Zwei Aufsätze zu Hermann Hesse.* Frankfurt am Main: Suhrkamp, 1995.
Freedman, Ralph: *Hermann Hesse. Autor der Krisis. Eine Biographie.* Frankfurt am Main: Suhrkamp, 2002.
Hilbert, Matthias: *Hermann Hesse und sein Elternhaus – Zwischen Rebellion und Liebe. Eine biographische Spurensuche.* Stuttgart: Calwer Verlag, 2005.
Kwangsoo, Kim: *Das Fremde – die Sprache – das Spiel. Eine komparatistische Studie zur Taoismusrezeption in Deutschland: Novalis, Hermann Hesse, Hugo Ball.* Siegen: Diss. (Selbstverlag), 1999.

Limberg, Michael (Hrsg.): *Hermann Hesse und die Psychoanalyse. „Kunst als Therapie".* 9. Internationales Hermann-Hesse-Kolloquium in Calw 1997. Bad Liebenzell/Calw: Verlag Bernhard Gengenbach, 1997.

Limberg, Michael: *Hermann Hesse. Leben – Werk – Wirkung.* Frankfurt am Main: Suhrkamp 2005 (Suhrkamp BasisBiographie Nr. 1).
(Eine insbesondere auch für den Schulgebrauch nützliche Biografie des Autors)

Michels, Volker (Hrsg.): *Hermann Hesse. Sein Leben in Bildern und Texten.* Frankfurt am Main: Insel, 2006.

Michels, Volker (Hrsg.): *Hermann Hesse in Augenzeugenberichten.* Frankfurt am Main: Suhrkamp, 1991 (Suhrkamp Taschenbuch, 1865)

Werner, Ulrike: *Chronik zu Hermann Hesses Leben und Werk.* In: Text und Kritik. Zeitschrift für Literatur, Heft 10/11, zweite, erweiterte Aufl. 1983, S. 116–122.

Zeller, Bernhard (Hrsg.): *Hermann Hesse 1877–1977. Stationen seines Lebens, des Werkes und seiner Wirkung.* Sonderausstellungen des Schiller-Nationalmuseums, Katalog Nr. 28. Marbach: Deutsche Schillergesellschaft, 1977.

Zu *Der Steppenwolf*

Esselborn-Krumbiegel, Helga: *Hermann Hesse*. Stuttgart: Reclam, 1996 (Literaturwissen für Schule und Studium, Universalbibliothek Nr.15208). (zu *Der Steppenwolf,* S. 77–91)

Field, George Wallis: *Hermann Hesse. Kommentar zu sämtlichen Werken.* Stuttgart: Akademischer Verlag Hans-Dieter Heinz, 1977 (Stuttgarter Arbeiter zur Germanistik, Nr. 24).

Hamann, Christof: *„Wie der Dampf von rohem Fleisch". – Hohe Kultur und fremde Körper in Hermann Hesses Roman „Der*

Steppenwolf". In: Rüdiger Sareika (Hrsg.): Von „Siddhartha" zum „Steppenwolf". Fremdheitserfahrung und Weltethos bei Hermann Hesse. Iserlohn: Institut für Kirche und Gesellschaft, 2004, S. 25–51.

Herold, Dennis: *Biographien der Seele. Lebensentwürfe in Hermann Hesses Romanen „Der Steppenwolf" und „Narziß und Goldmund".* Marburg: Tectum Verlag, 2008.

Herforth, Maria-Felicitas: *Hermann Hesse: „Demian" – „Siddhartha" – „Der Steppenwolf".* Hollfeld: Bange, 4. Aufl. 2006 (Königs Erläuterungen, Bd. 138).

Hofmann, Fritz L.: *Hermann Hesse – „Der Steppenwolf".* Unterrichtsvorschläge und Kopiervorlagen zu Buch, Audio Book, CD-Rom. Berlin: Cornelsen, 2003.

Hubert, Peter: *„Der Steppenwolf".* In: Hermann Hesse. Interpretationen. Romane. Stuttgart: Reclam, 2003, S. 76–112.

Limberg, Michael (Hrsg.): *Zwischen Eigen-Sinn und Anpassung. Außenseitertum im Leben und Werk von Hermann Hesse. 10. Internationales Hermann-Hesse-Kolloquium in Calw 1999.* Bad Liebenzell/Calw: Bernhard Gengenbach, 1999.

Limberg, Michael (Hrsg.): *„Dem Chaos die Stirn bieten". Hermann Hesses „Der Steppenwolf". 12. Internationales Hermann-Hesse-Kolloquium in Calw 2004.* Stuttgart: Staatsanzeiger-Verlag, 2005.

Meinicke, Susanne: *Hermann Hesse – „Der Steppenwolf".* Zürich: Diss., 1973.

Michels, Volker (Hrsg.): *Materialien zu Hermann Hesses „Der Steppenwolf".* Frankfurt am Main: Suhrkamp, [Nachruck] 1998.

Pfeifer, Martin: *Erläuterungen zu Hermann Hesse: „Demian", „Siddhartha", „Der Steppenwolf".* Hollfeld: Bange, 2. überarb. Aufl. 1997.

Pfeifer, Martin: *Hesse-Kommentar zu sämtlichen Werken.* Frankfurt am Main: Suhrkamp, 2002.

Probst, Rudolf: *Von der Handschrift zum Typoskript: Transformationen von Hesses „Steppenwolf"*. In: Michael Limberg (Hrsg.): „Dem Chaos die Stirn bieten". Hermann Hesses *Der Steppenwolf*. 12. Internationales Hermann-Hesse-Kolloquium in Calw 2004. Stuttgart: Staatsanzeiger-Verlag, 2005, S. 32–43.

Unseld, Siegfried: *Hermann Hesse – Werk und Wirkungsgeschichte.* Frankfurt am Main: Insel, rev. u. erw. Ausgabe 1987. (zu *Der Steppenwolf*, S. 130–141)

Voit, Friedrich: *Hermann Hesse – „Der Steppenwolf". Erläuterungen und Dokumente.* Stuttgart: Reclam, 2005.

Sonstige Literatur

Matzkowski, Bernd: *Wie interpretiere ich? Grundlagen der Analyse und Interpretation einzelner Textsorten und Gattungen mit Analyseraster.* Hollfeld: C. Bange, 4., überarb. Aufl. 2004. *(Diese Ausgabe der Bange-Lernhilfen bietet dem Schüler die Möglichkeit, sich für das Fach Deutsch ein grundlegendes Analyseinstrumentarium anzueignen.)*

Links

- http://www.hermann-hesse.de/ [Stand: März 2009] *(Hermann-Hesse-Portal.)*
- http://www.hermann-hesse.com/ [Stand: März 2009] *(Hesse-Portal von der Buchhandlung Fuchs in Calw.)*
- http://www.hhesse.de/start.php [Stand: März 2009] *(Das Hermann Hesse-Portal der „Morgenlandfahrer".)*
- http://www.gss.ucsb.edu/projects/hesse/ [Stand: März 2009] *(Deutsch-englisches Hesse-Forum.)*

Verfilmungen

Hermann Hesse – „Der Steppenwolf" (1974)
Ein Film von Fred Haines. Winkler Film [101 Min, DVD].

Hermann Hesse – Ein Lebensbild (1968)
Ein Film von Ernst Bertschi und Isa Hesse. Produktion: Isa Hesse.

Hermann Hesse – Heiliger der Hippies (1972)
Ein Film von Franz Baumer und Jochen Richter. Produktion: Bayerischer Rundfunk.

Hörbuch

Hermann Hesse: *Der Steppenwolf.* Gelesen von Will Quadflieg [6 Audio-Cds]. Audiobook, 2002.
Hermann Hesse: *Der Steppenwolf.* Hörspiel [3 Audio-Cds]. Der hörverlag, 2002.